交通运输企业主要负责人和安全生产管理人员培训丛书

道路普通货物运输企业

主要负责人和安全生产管理人员培训教材

本书编写组 编

交通运输部安全委员会办公室 审定

《中华人民共和国安全生产法》第二十四条

生产经营单位的主要负责人和安全生产管理人员必须具备与本单位所从事的生产经营活动相应的安全生产知识和管理能力。

道路运输单位的主要负责人和安全生产管理人员，应当由主管的负有安全生产监督管理职责的部门对其安全生产知识和管理能力考核合格……

人民交通出版社股份有限公司
China Communications Press Co.,Ltd.

内容提要

本书根据《安全生产法》对企业主要负责人和安全生产管理人员的要求而编写，全书共分为六章，主要内容包括：安全生产法律法规、企业安全生产主体责任、企业安全管理基础、危险源辨识、安全生产检查与隐患排查治理、应急救援以及事故案例等相关内容。

本书适用于道路普通货物运输企业主要负责人和安全生产管理人员培训和学习。

图书在版编目（CIP）数据

道路普通货物运输企业主要负责人和安全生产管理人员培训教材 / 《道路普通货物运输企业主要负责人和安全生产管理人员培训教材》编写组编. —北京：人民交通出版社股份有限公司，2016.7

ISBN 978-7-114-13214-8

Ⅰ.①道… Ⅱ.①道… Ⅲ.①交通运输企业—公路运输—货物运输—交通运输安全—中国—技术培训—教材 Ⅳ.①F512.6②U492.8

中国版本图书馆 CIP 数据核字（2016）第 168298 号

Daolu Putong Huowu Yunshu Qiye Zhuyao Fuzeren he Anquan Shengchan Guanli Renyuan Peixun Jiaocai

书　　名：道路普通货物运输企业主要负责人和安全生产管理人员培训教材
著 作 者：本书编写组
责任编辑：林宇峰
出版发行：人民交通出版社股份有限公司
地　　址：（100011）北京市朝阳区安定门外外馆斜街 3 号
网　　址：http://www.ccpress.com.cn
销售电话：（010）59757973
总 经 销：人民交通出版社股份有限公司发行部
经　　销：各地新华书店
印　　刷：北京鑫正大印刷有限公司
开　　本：880×1230　1/32
印　　张：6.25
字　　数：168 千
版　　次：2016 年 7 月　第 1 版
印　　次：2019 年 6 月　第 3 次印刷
书　　号：ISBN 978-7-114-13214-8
定　　价：30.00 元

交通运输企业主要负责人和安全生产管理人员培训丛书

编　委　会

鸣　谢： 北京中平科学技术院

前　言

《中华人民共和国安全生产法》(以下简称《安全生产法》)第二十四条规定:“生产经营单位的主要负责人和安全生产管理人员必须具备与本单位所从事的生产经营活动相应的安全生产知识和管理能力。危险物品的生产、经营、储存单位以及矿山、金属冶炼、建筑施工、道路运输单位的主要负责人和安全生产管理人员,应当由主管的负有安全生产监督管理职责的部门对其安全生产知识和管理能力考核合格。”为了使交通运输企业主要负责人和安全生产管理人员能够不断学习安全生产管理知识,提高安全生产管理能力,并通过主管部门的考核,我们组织编写了《交通运输企业主要负责人和安全生产管理人员培训丛书》。丛书共分10册:

(1)《城市公共汽车客运企业主要负责人和安全生产管理人员培训教材》;

(2)《城市轨道交通运输企业主要负责人和安全生产管理人员培训教材》;

(3)《出租汽车企业主要负责人和安全生产管理人员培训教材》;

(4)《道路旅客运输企业主要负责人和安全生产管理人员培训教材》;

(5)《道路危险货物运输企业主要负责人和安全生产管理人员培训教材》;

(6)《道路普通货物运输企业主要负责人和安全生产管理人员培训教材》;

(7)《道路货物运输站场主要负责人和安全生产管理人员培训教材》;

(8)《机动车维修企业主要负责人和安全生产管理人员培训教材》;

(9)《汽车客运站主要负责人和安全生产管理人员培训教材》;

(10)《交通运输建筑施工企业主要负责人和安全生产管理人员培训教材》。

本套丛书根据交通运输企业实际情况,按照理论与实践相结合的原则进行编写,根据交通运输各经营类别的特点,将安全生产管理知识充分融入实际工作之中,使企业主要负责人和安全生产管理人员能够通过学习切实提高安全知识水平和实际安全生产管理能力。

本书经过大量的现场咨询考察和调研编写而成,具备如下特点:

(1)依据最新法规内容要求编写,符合行业管理要求。

(2)结合大量机动车维修企业现场咨询调研实际情况进行编写,理论与实际紧密结合。

(3)结合企业实际需求,对于企业的安全生产管理具有十分重要的指导意义。

(4)充分结合行业特点,更具备针对性。

本书从安全生产法律法规、企业安全主体责任、企业安全管理基础、危险源辨识、安全生产检查与隐患排查治理、应急救援、事故案例等各方面进行讲解,为道路普通货物运输企业主要负责人和安全生产管理人员提供培训参考。

本书由冯彩云、姚静涛主编,杜宗跃、谈勇、徐爱军参与编写。

由于编者的水平有限,书中难免有不妥之处,敬请广大读者批评指正。

交通运输企业主要负责人和安全生产管理人员培训丛书编委会

2016 年 3 月 15 日

目　　录

第一章　安全生产法律法规

第一节　安全生产法律法规体系

一、法的概念、本质和特征

❶ 法的概念

法有狭义和广义之分，从广义上讲，国家按照统治阶级利益和意志制定或者认可的，并由国家强制力保证其实施的行为规范的总和即为法，而狭义上的法，包括宪法、法律、行政法规、地方性法规、行政规章等各种成文法在内具体的法律规范。

❷ 法的本质

法的最本质的属性是统治阶级的意志，而不是任何个人的意志，更不是超阶级的共同意志。统治阶级的意志决定于统治阶级的物质生活条件，这种物质生活条件构成法的基础。法作为统治阶级的意志可以体现在以下 3 个方面：

(1)意志内容的一般性；

(2)意志内容的客观性；

(3)意志内容的统一性。

❸ 法的特征

法所表现的意志首先是一种社会意识形态，但又不单纯是意识形态,而是一种社会规范。它为人们规定一定的行为规则,指示人们在特定的条件下可以做什么,必须做什么,禁止做什么,即规定人们享有的权利和应当履行的义务,从而调整人们在社会生活中的相互关系。法作为一种社会规范,在其发生作用的范围内具有普遍性、稳定性和约束力。社会规范很多,诸如道德、风俗习惯、宗教教规,以及各种社会团体的规章等。法与上述社会规范不同,法是一种特殊的社会规范,这表现在法具有以下 4 个特征:

(1)法是由特定的国家机关制定的;

(2)法是依照特定的程序制定的;

(3)法具有国家强制性;

(4)法是调整人们行为的社会规范。

二、安全生产法律体系

我国安全生产法律法规体系,是指我国全部现行的、不同的安全生产法律规范形成的有机联系的统一整体,是国家法律法规体系的一部分。按照其法律地位和法律效力的层级划分为法律、法规、规章以及安全生产标准,如图 1-1 所示。

❶ 安全生产法律

安全生产法律特指由全国人民代表大会及其常务委员会依照一定的立法程序制定和颁布的规范性文件。我国安全生产法律包括基础法律、专门法律和相关法律等。

1)基础法

《中华人民共和国安全生产法》是综合安全生产法律制度的法律,属于基础法,它适用于与生产经营活动安全有关的所有行为、单位、部门,是我国安全生产法律体系的核心。

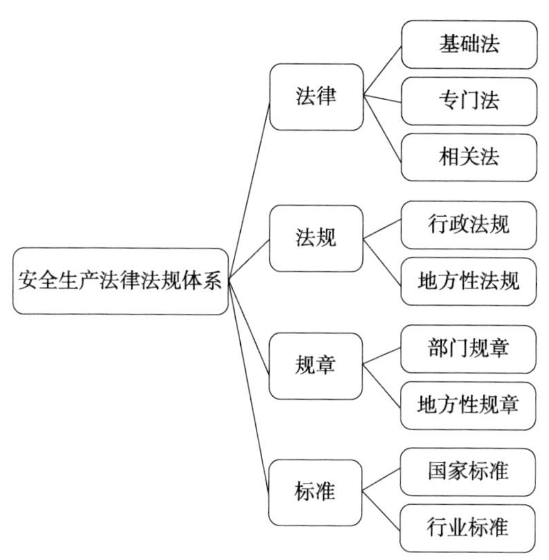

图 1-1 安全生产法律法规体系

2)专门法

专门的安全生产法律是规范某一专业领域生产法律制度的法律,我国在专业领域的法律有《中华人民共和国道路交通安全法》、《中华人民共和国消防法》、《中华人民共和国特种设备安全法》等。

3)相关法

与安全生产相关的法律是指安全生产专门法律以外的其他法律中涵盖有安全生产内容的法律,如《中华人民共和国劳动法》、《中华人民共和国工会法》等。

❷ 安全生产法规

我国现行的法规分为行政法规和地方性法规。

1)行政法规

安全生产行政法规是由国务院组织制定并批准公布的,是为

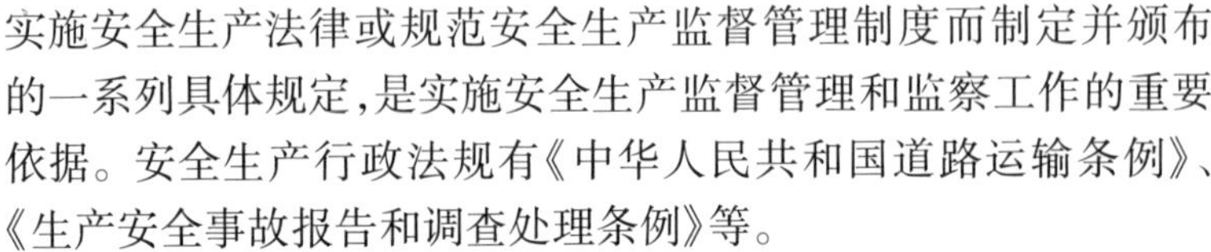

实施安全生产法律或规范安全生产监督管理制度而制定并颁布的一系列具体规定，是实施安全生产监督管理和监察工作的重要依据。安全生产行政法规有《中华人民共和国道路运输条例》、《生产安全事故报告和调查处理条例》等。

2）地方性法规

安全生产地方性法规是指由有立法权的地方权力机关——人民代表大会及其常务委员会依照法定职权和程序制定和颁布的、实行于本行政区域的规范性文件。各省人大及常委会通过的安全生产条例等有关国家法律法规的实施办法、条例等均属于安全生产地方性法规。

❸ 安全生产规章

1）部门规章

安全生产部门规章是指国务院的部、委员会和直属机构依照法律、行政法规或者国务院授权指定的在全国范围内实施安全生产行政管理的规范性文件，如《道路运输从业人员管理规定》、《交通运输突发事件应急管理规定》、《道路旅客运输及客运站管理规定》等。

2）地方性规章

安全生产地方性规章是由省、自治区、直辖市、较大的市（省、自治区政府所在地的市、经济特区政府所在地的市和经国务院批准的较大的市）的人民政府根据法律、行政法规和本省、自治区、直辖市的地方性法规制定的规章。

❹ 安全生产标准

安全生产标准是围绕如何消除、限制或预防劳动过程中的危险和有害因素，保护职工安全与健康，保障设备、生产正常运行而制定的统一规定。依据《中华人民共和国标准化法》的规定，标准的层次依次为：国家标准、行业标准、地方标准、企业标准，列入安全生产法律体系的主要是指国家标准和行业标准,国家标准、行业标准又分为强制性标准和推荐性标准。

❺ 安全生产法律法规的法律效力及相互关系

(1)安全生产法律的地位和效力次于宪法,其规定不得同宪法相抵触。安全生产法律效力高于行政法规、地方性法规和行政规章。

(2)行政法规的法律地位和法律效力次于宪法和法律,但高于地方性法规、行政规章。行政法规在中华人民共和国领域内具有约束力,这种约束力体现在两个方面:一是约束国家行政机关自身的效力,二是约束行政管理相对人的效力。

(3)地方性法规的法律效力高于本级和下级地方政府规章。地方性法规与部门规章之间对同一事项的规定不一致,不能确定如何适用时,由国务院提出意见,国务院认为应当适用地方性法规的,应当决定在该地方适用地方性法规的规定;认为应当适用部门规章的,应当提请全国人民代表大会常务委员会裁决。

(4)部门规章之间、部门规章与地方政府规章之间具有同等效力,在各自的权限范围内施行。部门规章之间、部门规章与地方政府规章之间对同一事项的规定不一致时,由国务院裁决。

(5)同一机关制定的法律、行政法规、地方性法规、自治条例和单行条例、规章,特别规定与一般规定不一致的,适用于特别规定;新规定与旧规定不一致的,适用于新规定。

三、道路普通货物运输相关法律法规体系框架

道路普通货物运输相关法律法规体系框架如图1-2所示。

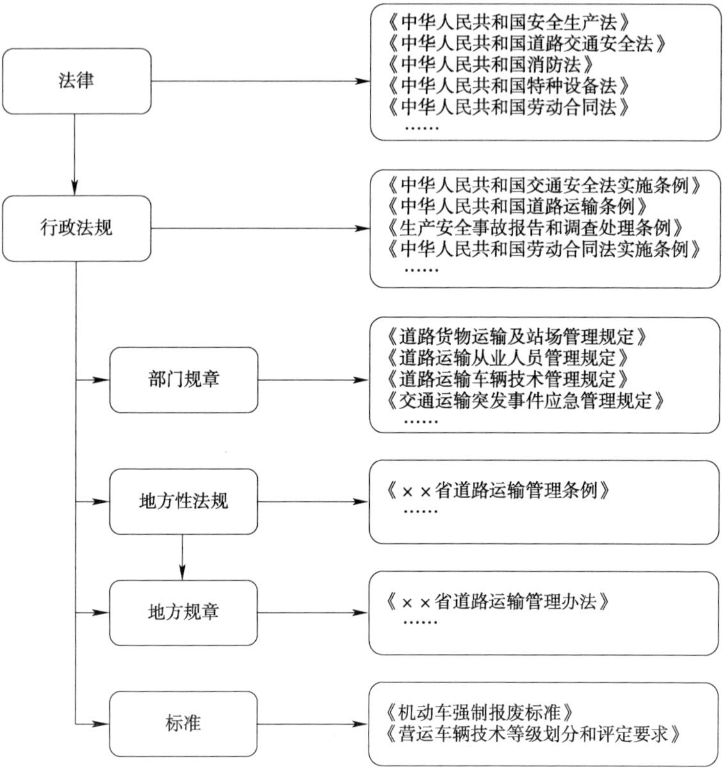

法律
《中华人民共和国安全生产法》
《中华人民共和国道路交通安全法》
《中华人民共和国消防法》
《中华人民共和国特种设备法》
《中华人民共和国劳动合同法》
……

行政法规
《中华人民共和国交通安全法实施条例》
《中华人民共和国道路运输条例》
《生产安全事故报告和调查处理条例》
《中华人民共和国劳动合同法实施条例》
……

部门规章
《道路货物运输及站场管理规定》
《道路运输从业人员管理规定》
《道路运输车辆技术管理规定》
《交通运输突发事件应急管理规定》
……

地方性法规
《××省道路运输管理条例》
……

地方规章
《××省道路运输管理办法》
……

标准
《机动车强制报废标准》
《营运车辆技术等级划分和评定要求》

图 1-2　道路普通货物运输相关法律法规体系框架图

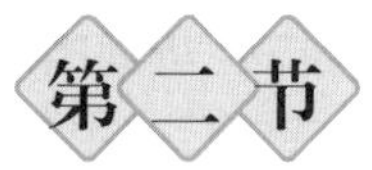

第二节　安全生产相关法律法规

一、《中华人民共和国安全生产法》

《中华人民共和国安全生产法》(以下简称《安全生产法》)于2002年6月29日经第九届全国人民代表大会常务委员会第二十

八次会议通过,2002 年 11 月 1 日起施行。

2014 年 8 月 31 日,第十二届全国人民代表大会常务委员会第十次会议通过了《全国人民代表大会常务委员会关于修改〈中华人民共和国安全生产法〉的决定》(中华人民共和国主席令第七十号),并于 2014 年 12 月 1 日起施行。

(一)法律地位和立法目的

《安全生产法》是我国第一部全面规范安全生产的专门法律,在安全生产法律法规体系中法律地位和法律效力是最高的。它是我国安全生产法律体系的主体法,是各类生产经营单位及其从业人员实现安全生产必须遵循的行为准则,是各级人民政府及其有关部门进行监督管理和行政执法的法律依据,是制裁各种安全生产违法犯罪行为的有力武器。

《安全生产法》的立法目的是:"为了加强安全生产监督管理,防止和减少生产安全事故,保障人民群众生命和财产安全,促进经济社会持续健康发展,制定本法。"

(二)适用范围

《安全生产法》第二条对适用范围作了规定:"在中华人民共和国领域内从事生产经营活动的单位(以下统称生产经营单位)的安全生产,适用本法;有关法律、行政法规对消防安全和道路交通安全、铁路交通安全、水上交通安全、民用航空安全以及核与辐射安全、特种设备安全另有规定的,适用其规定。"

(三)基本规定

❶ 安全生产管理的方针

第三条　安全生产工作应当以人为本,坚持安全发展,坚持

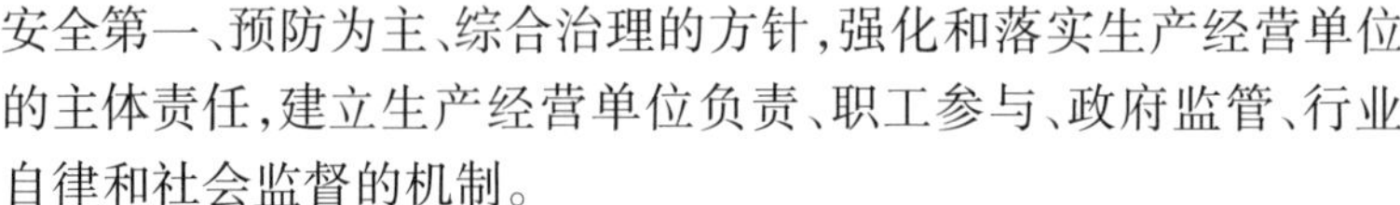

安全第一、预防为主、综合治理的方针，强化和落实生产经营单位的主体责任，建立生产经营单位负责、职工参与、政府监管、行业自律和社会监督的机制。

❷ 安全生产责任制度

第四条　生产经营单位必须遵守本法和其他有关安全生产的法律、法规，加强安全生产管理，建立、健全安全生产责任制和安全生产规章制度，改善安全生产条件，推进安全生产标准化建设，提高安全生产水平，确保安全生产。

第十九条　生产经营单位的安全生产责任制应当明确各岗位的责任人员、责任范围和考核标准等内容。生产经营单位应当建立相应的机制，加强对安全生产责任制落实情况的监督考核，保证安全生产责任制的落实。

❸ 工会在安全生产工作中的地位和权力

第七条　工会依法对安全生产工作进行监督。生产经营单位的工会依法组织职工参加本单位安全生产工作的民主管理和民主监督，维护职工在安全生产方面的合法权益。生产经营单位制定或者修改有关安全生产的规章制度，应当听取工会的意见。

《安全生产法》第五十七条明确了工会参加安全管理的监督的权力：“工会有权对建设项目的安全设施与主体工程同时设计、同时施工、同时投入生产和使用进行监督，提出意见。工会对生产经营单位违反安全生产法律、法规，侵犯从业人员合法权益的行为，有权要求纠正；发现生产经营单位违章指挥、强令冒险作业或者发现事故隐患时，有权提出解决的建议，生产经营单位应当及时研究答复；发现危及从业人员生命安全的情况时，有权向生产经营单位建议组织从业人员撤离危险场所，生产经营单位必须立即作出处理。工会有权依法参加事故调查，向有关部门提出处理意见，并要求追究有关人员的责任。”

❹ 安全生产事故责任追究

第十四条　国家实行生产安全事故责任追究制度，依照本法和有关法律、法规的规定，追究生产安全事故责任人员的法律责任。

❺ 安全生产标准

第十条　国务院有关部门应当按照保障安全生产的要求，依法及时制定有关的国家标准或者行业标准，并根据科技进步和经济发展适时修订。生产经营单位必须执行依法制定的保障安全生产的国家标准或者行业标准。

❻ 安全生产宣传教育

第十一条　各级人民政府及其有关部门应当采取多种形式，加强对有关安全生产的法律、法规和安全生产知识的宣传，增强全社会的安全生产意识。

第七十四条　新闻、出版、广播、电影、电视等单位有进行安全生产公益宣传教育的义务，有对违反安全生产法律、法规的行为进行舆论监督的权利。

❼ 安全生产科技进步和奖励

第十五条　国家鼓励和支持安全生产科学技术研究和安全生产先进技术的推广应用，提高安全生产水平。

第十六条　国家对在改善安全生产条件、防止生产安全事故、参加抢险救护等方面取得显著成绩的单位和个人，给予奖励。

第七十三条　县级以上各级人民政府及其有关部门对报告重大事故隐患或者举报安全生产违法行为的有功人员，给予奖励。具体奖励办法由国务院负责安全生产监督管理的部门会同国务院财政部门制定。

(四)主要负责人和安全管理人员的安全责任

❶ 主要负责人的安全责任

第五条　生产经营单位的主要负责人对本单位的安全生产工作全面负责。

生产经营单位主要负责人是指对本单位生产经营负全面责任,有生产经营决策权的人员。具体指有限责任公司或股份有限公司的董事长、总经理,其他生产经营单位的厂长、经理、矿长、投资人等。

第十八条　生产经营单位的主要负责人对本单位安全生产工作负有下列职责:

(1)建立、健全本单位安全生产责任制;

(2)组织制定本单位安全生产规章制度和操作规程;

(3)组织制定并实施本单位安全生产教育和培训计划;

(4)保证本单位安全生产投入的有效实施;

(5)督促、检查本单位的安全生产工作,及时消除生产安全事故隐患;

(6)组织制定并实施本单位的生产安全事故应急救援预案;

(7)及时、如实报告生产安全事故。

第四十七条　生产经营单位发生生产安全事故时,单位的主要负责人应当立即组织抢救,并不得在事故调查处理期间擅离职守。

❷ 安全管理人员的安全责任

第十九条　生产经营单位的安全生产责任制应当明确各岗位的责任人员、责任范围和考核标准等内容。

生产经营单位应当建立相应的机制,加强对安全生产责任制落实情况的监督考核,保证安全生产责任制的落实。

第二十条　生产经营单位应当具备的安全生产条件所必需的资金投入，由生产经营单位的决策机构、主要负责人或者个人经营的投资人予以保证，并对由于安全生产所必需的资金投入不足导致的后果承担责任。

有关生产经营单位应当按照规定提取和使用安全生产费用，专门用于改善安全生产条件。安全生产费用在成本中据实列支。安全生产费用提取、使用和监督管理的具体办法由国务院财政部门会同国务院安全生产监督管理部门征求国务院有关部门意见后制定。

第二十一条　矿山、金属冶炼、建筑施工、道路运输单位和危险物品的生产、经营、储存单位，应当设置安全生产管理机构或者配备专职安全生产管理人员。

前款规定以外的其他生产经营单位，从业人员超过一百人的，应当设置安全生产管理机构或者配备专职安全生产管理人员；从业人员在一百人以下的，应当配备专职或者兼职的安全生产管理人员。

第二十二条　生产经营单位的安全生产管理机构以及安全生产管理人员履行下列职责：

(1)组织或者参与拟订本单位安全生产规章制度、操作规程和生产安全事故应急救援预案；

(2)组织或者参与本单位安全生产教育和培训，如实记录安全生产教育和培训情况；

(3)督促落实本单位重大危险源的安全管理措施；

(4)组织或者参与本单位应急救援演练；

(5)检查本单位的安全生产状况，及时排查生产安全事故隐患，提出改进安全生产管理的建议；

(6)制止和纠正违章指挥、强令冒险作业、违反操作规程的行为；

(7)督促落实本单位安全生产整改措施。

第二十三条　生产经营单位的安全生产管理机构以及安全生产管理人员应当恪尽职守,依法履行职责。

生产经营单位作出涉及安全生产的经营决策,应当听取安全生产管理机构以及安全生产管理人员的意见。

生产经营单位不得因安全生产管理人员依法履行职责而降低其工资、福利等待遇或者解除与其订立的劳动合同。

危险物品的生产、储存单位以及矿山、金属冶炼单位的安全生产管理人员的任免,应当告知主管的负有安全生产监督管理职责的部门。

第二十四条　生产经营单位的主要负责人和安全生产管理人员必须具备与本单位所从事的生产经营活动相应的安全生产知识和管理能力。

危险物品的生产、经营、储存单位以及矿山、金属冶炼、建筑施工、道路运输单位的主要负责人和安全生产管理人员,应当由主管的负有安全生产监督管理职责的部门对其安全生产知识和管理能力考核合格。考核不得收费。

第二十五条　生产经营单位应当对从业人员进行安全生产教育和培训,保证从业人员具备必要的安全生产知识,熟悉有关的安全生产规章制度和安全操作规程,掌握本岗位的安全操作技能,了解事故应急处理措施,知悉自身在安全生产方面的权利和义务。未经安全生产教育和培训合格的从业人员,不得上岗作业。

生产经营单位使用被派遣劳动者的,应当将被派遣劳动者纳入本单位从业人员统一管理,对被派遣劳动者进行岗位安全操作规程和安全操作技能的教育和培训。劳务派遣单位应当对被派遣劳动者进行必要的安全生产教育和培训。

生产经营单位接收中等职业学校、高等学校学生实习的,应当对实习学生进行相应的安全生产教育和培训，提供必要的劳动防护用品。学校应当协助生产经营单位对实习学生进行安全生产教育和培训。

生产经营单位应当建立安全生产教育和培训档案，如实记录安全生产教育和培训的时间、内容、参加人员以及考核结果等情况。

第二十六条　生产经营单位采用新工艺、新技术、新材料或者使用新设备，必须了解、掌握其安全技术特性，采取有效的安全防护措施，并对从业人员进行专门的安全生产教育和培训。

第二十七条　生产经营单位的特种作业人员必须按照国家有关规定经专门的安全作业培训，取得相应资格，方可上岗作业。

特种作业人员的范围由国务院负安全生产监督管理部门会同国务院有关部门确定。

第二十八条　生产经营单位新建、改建、扩建工程项目（以下统称建设项目）的安全设施，必须与主体工程同时设计、同时施工、同时投入生产和使用。安全设施投资应当纳入建设项目概算。

第三十二条　生产经营单位应当在有较大危险因素的生产经营场所和有关设施、设备上，设置明显的安全警示标志。

第三十三条　安全设备的设计、制造、安装、使用、检测、维修、改造和报废，应当符合国家标准或者行业标准。

生产经营单位必须对安全设备进行经常性维护、保养，并定期检测，保证正常运转。维护、保养、检测应当作好记录，并由有关人员签字。

第三十四条　生产经营单位使用的危险物品的容器、运输工具，以及涉及人身安全、危险性较大的海洋石油开采特种设备和矿山井下特种设备，必须按照国家有关规定，由专业生产单位生产，并经具有专业资质的检测、检验机构检测、检验合格，取得安全使用证或者安全标志，方可投入使用。检测、检验机构对检测、检验结果负责。

第三十五条　国家对严重危及生产安全的工艺、设备实行淘汰制度，具体目录由国务院安全生产监督管理部门会同国务院有关部门制定并公布。法律、行政法规对目录的制定另有规定的，适用其规定。

省、自治区、直辖市人民政府可以根据本地区实际情况制定并公布具体目录，对前款规定以外的危及生产安全的工艺、设备予以淘汰。

生产经营单位不得使用应当淘汰的危及生产安全的工艺、设备。

第三十六条　生产、经营、运输、储存、使用危险物品或者处置废弃危险物品的，由有关主管部门依照有关法律、法规的规定和国家标准或者行业标准审批并实施监督管理。

生产经营单位生产、经营、运输、储存、使用危险物品或者处置废弃危险物品，必须执行有关法律、法规和国家标准或者行业标准，建立专门的安全管理制度，采取可靠的安全措施，接受有关主管部门依法实施的监督管理。

第三十七条　生产经营单位对重大危险源应当登记建档，进行定期检测、评估、监控，并制定应急预案，告知从业人员和相关人员在紧急情况下应当采取的应急措施。

生产经营单位应当按照国家有关规定将本单位重大危险源及有关安全措施、应急措施报有关地方人民政府安全生产监督管理部门和有关部门备案。

第三十八条　生产经营单位应当建立健全生产安全事故隐患排查治理制度，采取技术、管理措施，及时发现并消除事故隐患。事故隐患排查治理情况应当如实记录，并向从业人员通报。

县级以上地方各级人民政府负有安全生产监督管理职责的部门应当建立健全重大事故隐患治理督办制度，督促生产经营单位消除重大事故隐患。

第三十九条　生产、经营、储存、使用危险物品的车间、商店、仓库不得与员工宿舍在同一座建筑物内，并应当与员工宿舍保持安全距离。

生产经营场所和员工宿舍应当设有符合紧急疏散要求、标志明显、保持畅通的出口。禁止锁闭、封堵生产经营场所或者员工宿舍的出口。

第四十条　生产经营单位进行爆破、吊装以及国务院安全生产监督管理部门会同国务院有关部门规定的其他危险作业，应当安排专门人员进行现场安全管理，确保操作规程的遵守和安全措施的落实。

第四十一条　生产经营单位应当教育和督促从业人员严格执行本单位的安全生产规章制度和安全操作规程；并向从业人员如实告知作业场所和工作岗位存在的危险因素、防范措施以及事故应急措施。

第四十二条　生产经营单位必须为从业人员提供符合国家标准或者行业标准的劳动防护用品，并监督、教育从业人员按照使用规则佩戴、使用。

第四十三条　生产经营单位的安全生产管理人员应当根据本单位的生产经营特点，对安全生产状况进行经常性检查；对检查中发现的安全问题，应当立即处理；不能处理的，应当及时报告本单位有关负责人，有关负责人应当及时处理。检查及处理情况应当如实记录在案。

生产经营单位的安全生产管理人员在检查中发现重大事故隐患，依照前款规定向本单位有关负责人报告，有关负责人不及时处理的，安全生产管理人员可以向主管的负有安全生产监督管理职责的部门报告，接到报告的部门应当依法及时处理。

第四十四条　生产经营单位应当安排用于配备劳动防护用品、进行安全生产培训的经费。

第四十五条　两个以上生产经营单位在同一作业区域内进行生产经营活动，可能危及对方生产安全的，应当签订安全生产管理协议，明确各自的安全生产管理职责和应当采取的安全措施，并指定专职安全生产管理人员进行安全检查与协调。

第四十六条　生产经营单位不得将生产经营项目、场所、设备发包或者出租给不具备安全生产条件或者相应资质的单位或者个人。

生产经营项目、场所发包或者出租给其他单位的，生产经营单位应当与承包单位、承租单位签订专门的安全生产管理协议，或者在承包合同、租赁合同中约定各自的安全生产管理职责；生产经营单位对承包单位、承租单位的安全生产工作统一协调、管理，定期进行安全检查，发现安全问题的，应当及时督促整改。

第四十七条　生产经营单位发生生产安全事故时，单位的主要负责人应当立即组织抢救，并不得在事故调查处理期间擅离职守。

第四十八条　生产经营单位必须依法参加工伤保险，为从业人员缴纳保险费。

国家鼓励生产经营单位投保安全生产责任保险。

（五）生产安全事故的应急救援与调查处理

第七十八条　生产经营单位应当制定本单位生产安全事故应急救援预案，与所在地县级以上地方人民政府组织制定的生产安全事故应急救援预案相衔接，并定期组织演练。

第七十九条　危险物品的生产、经营、储存单位以及矿山、金属冶炼、城市轨道交通运营、建筑施工单位应当建立应急救援组织;生产经营规模较小的,可以不建立应急救援组织,但应当指定兼职的应急救援人员。

危险物品的生产、经营、储存、运输单位以及矿山、金属冶炼、城市轨道交通运营、建筑施工单位应当配备必要的应急救援器材、设备和物资,并进行经常性维护、保养,保证正常运转。

第八十条　生产经营单位发生生产安全事故后,事故现场有关人员应当立即报告本单位负责人。

单位负责人接到事故报告后,应当迅速采取有效措施,组织抢救,防止事故扩大,减少人员伤亡和财产损失,并按照国家有关规定立即如实报告当地负有安全生产监督管理职责的部门,不得隐瞒不报、谎报或者迟报,不得故意破坏事故现场、毁灭有关证据。

第八十三条　事故调查处理应当按照科学严谨、依法依规、实事求是、注重实效的原则,及时、准确地查清事故原因,查明事故性质和责任,总结事故教训,提出整改措施,并对事故责任者提出处理意见。事故调查报告应当依法及时向社会公布。事故调查和处理的具体办法由国务院制定。

事故发生单位应当及时全面落实整改措施,负有安全生产监督管理职责的部门应当加强监督检查。

第八十四条　生产经营单位发生生产安全事故,经调查确定为责任事故的,除了应当查明事故单位的责任并依法予以追究外,还应当查明对安全生产的有关事项负有审查批准和监督职责的行政部门的责任,对有失职、渎职行为的,依照本法第八十七条的规定追究法律责任。

第八十五条　任何单位和个人不得阻挠和干涉对事故的依法调查处理。

（六）法律责任

第九十条　生产经营单位的决策机构、主要负责人或者个人经营的投资人不依照本法规定保证安全生产所必需的资金投入，致使生产经营单位不具备安全生产条件的，责令限期改正，提供必需的资金；逾期未改正的，责令生产经营单位停产停业整顿。

有前款违法行为，导致发生生产安全事故的，对生产经营单位的主要负责人给予撤职处分，对个人经营的投资人处二万元以上二十万元以下的罚款；构成犯罪的，依照刑法有关规定追究刑事责任。

第九十一条　生产经营单位的主要负责人未履行本法规定的安全生产管理职责的，责令限期改正；逾期未改正的，处二万元以上五万元以下的罚款，责令生产经营单位停产停业整顿。

生产经营单位的主要负责人有前款违法行为，导致发生生产安全事故的，给予撤职处分；构成犯罪的，依照刑法有关规定追究刑事责任。

生产经营单位的主要负责人依照前款规定受刑事处罚或者撤职处分的，自刑罚执行完毕或者受处分之日起，五年内不得担任任何生产经营单位的主要负责人；对重大、特别重大生产安全事故负有责任的，终身不得担任本行业生产经营单位的主要负责人。

第九十二条　生产经营单位的主要负责人未履行本法规定的安全生产管理职责，导致发生生产安全事故的，由安全生产监督管理部门依照下列规定处以罚款：

（1）发生一般事故的，处上一年年收入百分之三十的罚款；

（2）发生较大事故的，处上一年年收入百分之四十的罚款；

（3）发生重大事故的，处上一年年收入百分之六十的罚款；

（4）发生特别重大事故的，处上一年年收入百分之八十的罚款。

第九十三条　生产经营单位的安全生产管理人员未履行本法规定的安全生产管理职责的，责令限期改正；导致发生生产安全事故的，暂停或者撤销其与安全生产有关的资格；构成犯罪的，依照刑法有关规定追究刑事责任。

第九十四条　生产经营单位有下列行为之一的，责令限期改正，可以处五万元以下的罚款；逾期未改正的，责令停产停业整顿，并处五万元以上十万元以下的罚款，对其直接负责的主管人员和其他直接责任人员处一万元以上二万元以下的罚款：

(1)未按照规定设置安全生产管理机构或者配备安全生产管理人员的；

(2)危险物品的生产、经营、储存单位以及矿山、金属冶炼、建筑施工、道路运输单位的主要负责人和安全生产管理人员未按照规定经考核合格的；

(3)未按照规定对从业人员、被派遣劳动者、实习学生进行安全生产教育和培训，或者未按照规定如实告知有关的安全生产事项的；

(4)未如实记录安全生产教育和培训情况的；

(5)未将事故隐患排查治理情况如实记录或者未向从业人员通报的；

(6)未按照规定制定生产安全事故应急救援预案或者未定期组织演练的；

(7)特种作业人员未按照规定经专门的安全作业培训并取得相应资格，上岗作业的。

第九十五条　生产经营单位有下列行为之一的，责令停止建设或者停产停业整顿，限期改正；逾期未改正的，处五十万元以上一百万元以下的罚款，对其直接负责的主管人员和其他直接责任人员处二万元以上五万元以下的罚款；构成犯罪的，依照刑法有

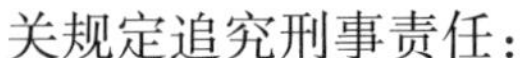

关规定追究刑事责任：

(1)未按照规定对矿山、金属冶炼建设项目或者用于生产、储存、装卸危险物品的建设项目进行安全评价的；

(2)矿山、金属冶炼建设项目或者用于生产、储存、装卸危险物品的建设项目没有安全设施设计或者安全设施设计未按照规定报经有关部门审查同意的；

(3)矿山、金属冶炼建设项目或者用于生产、储存、装卸危险物品的建设项目的施工单位未按照批准的安全设施设计施工的；

(4)矿山、金属冶炼建设项目或者用于生产、储存危险物品的建设项目竣工投入生产或者使用前，安全设施未经验收合格的。

第九十六条　生产经营单位有下列行为之一的，责令限期改正，可以处五万元以下的罚款；逾期未改正的，处五万元以上二十万元以下的罚款，对其直接负责的主管人员和其他直接责任人员处一万元以上二万元以下的罚款；情节严重的，责令停产停业整顿；构成犯罪的，依照刑法有关规定追究刑事责任：

(1)未在有较大危险因素的生产经营场所和有关设施、设备上设置明显的安全警示标志的；

(2)安全设备的安装、使用、检测、改造和报废不符合国家标准或者行业标准的；

(3)未对安全设备进行经常性维护、保养和定期检测的；

(4)未为从业人员提供符合国家标准或者行业标准的劳动防护用品的；

(5)危险物品的容器、运输工具，以及涉及人身安全、危险性较大的海洋石油开采特种设备和矿山井下特种设备未经具有专业资质的机构检测、检验合格，取得安全使用证或者安全标志，投入使用的；

(6)使用应当淘汰的危及生产安全的工艺、设备的。

第九十七条　未经依法批准，擅自生产、经营、运输、储存、使用危险物品或者处置废弃危险物品的,依照有关危险物品安全管理的法律、行政法规的规定予以处罚;构成犯罪的,依照刑法有关规定追究刑事责任。

第九十八条　生产经营单位有下列行为之一的,责令限期改正,可以处十万元以下的罚款;逾期未改正的,责令停产停业整顿,并处十万元以上二十万元以下的罚款,对其直接负责的主管人员和其他直接责任人员处二万元以上五万元以下的罚款;构成犯罪的,依照刑法有关规定追究刑事责任:

(1)生产、经营、运输、储存、使用危险物品或者处置废弃危险物品,未建立专门安全管理制度、未采取可靠的安全措施的;

(2)对重大危险源未登记建档,或者未进行评估、监控,或者未制定应急预案的;

(3)进行爆破、吊装以及国务院安全生产监督管理部门会同国务院有关部门规定的其他危险作业,未安排专门人员进行现场安全管理的;

(4)未建立事故隐患排查治理制度的。

第九十九条　生产经营单位未采取措施消除事故隐患的,责令立即消除或者限期消除;生产经营单位拒不执行的,责令停产停业整顿,并处十万元以上五十万元以下的罚款,对其直接负责的主管人员和其他直接责任人员处二万元以上五万元以下的罚款。

第一百条　生产经营单位将生产经营项目、场所、设备发包或者出租给不具备安全生产条件或者相应资质的单位或者个人的,责令限期改正,没收违法所得;违法所得十万元以上的,并处违法所得二倍以上五倍以下的罚款;没有违法所得或者违法所得不足十万元的,单处或者并处十万元以上二十万元以下的罚款;对其直接负责的主管人员和其他直接责任人员处一万元以上二万元以下的罚款;导致发生生产安全事故给他人造成损害的,与承包方、承租方承担连带赔偿责任。

生产经营单位未与承包单位、承租单位签订专门的安全生产管理协议或者未在承包合同、租赁合同中明确各自的安全生产管理职责,或者未对承包单位、承租单位的安全生产统一协调、管理的,责令限期改正,可以处五万元以下的罚款,对其直接负责的主管人员和其他直接责任人员可以处一万元以下的罚款;逾期未改正的,责令停产停业整顿。

第一百零一条　两个以上生产经营单位在同一作业区域内进行可能危及对方安全生产的生产经营活动,未签订安全生产管理协议或者未指定专职安全生产管理人员进行安全检查与协调的,责令限期改正,可以处五万元以下的罚款,对其直接负责的主管人员和其他直接责任人员可以处一万元以下的罚款;逾期未改正的,责令停产停业。

第一百零二条　生产经营单位有下列行为之一的,责令限期改正,可以处五万元以下的罚款,对其直接负责的主管人员和其他直接责任人员可以处一万元以下的罚款;逾期未改正的,责令停产停业整顿;构成犯罪的,依照刑法有关规定追究刑事责任:

(1)生产、经营、储存、使用危险物品的车间、商店、仓库与员工宿舍在同一座建筑内,或者与员工宿舍的距离不符合安全要求的;

(2)生产经营场所和员工宿舍未设有符合紧急疏散需要、标志明显、保持畅通的出口,或者锁闭、封堵生产经营场所或者员工宿舍出口的。

第一百零三条　生产经营单位与从业人员订立协议,免除或者减轻其对从业人员因生产安全事故伤亡依法应承担的责任的,该协议无效;对生产经营单位的主要负责人、个人经营的投资人处二万元以上十万元以下的罚款。

第一百零四条　生产经营单位的从业人员不服从管理,违反安全生产规章制度或者操作规程的,由生产经营单位给予批评教育,依照有关规章制度给予处分;构成犯罪的,依照刑法有关规定追究刑事责任。

第一百零五条　违反本法规定,生产经营单位拒绝、阻碍负有安全生产监督管理职责的部门依法实施监督检查的,责令改正;拒不改正的,处二万元以上二十万元以下的罚款;对其直接负责的主管人员和其他直接责任人员处一万元以上二万元以下的罚款;构成犯罪的,依照刑法有关规定追究刑事责任。

第一百零六条　生产经营单位的主要负责人在本单位发生生产安全事故时,不立即组织抢救或者在事故调查处理期间擅离职守或者逃匿的,给予降级、撤职的处分,并由安全生产监督管理部门处上一年年收入百分之六十至百分之一百的罚款;对逃匿的处十五日以下拘留;构成犯罪的,依照刑法有关规定追究刑事责任。

生产经营单位的主要负责人对生产安全事故隐瞒不报、谎报或者迟报的,依照前款规定处罚。

第一百零七条　有关地方人民政府、负有安全生产监督管理职责的部门,对生产安全事故隐瞒不报、谎报或者迟报的,对直接负责的主管人员和其他直接责任人员依法给予处分;构成犯罪的,依照刑法有关规定追究刑事责任。

第一百零八条　生产经营单位不具备本法和其他有关法律、行政法规和国家标准或者行业标准规定的安全生产条件,经停产停业整顿仍不具备安全生产条件的,予以关闭;有关部门应当依法吊销其有关证照。

第一百零九条　发生生产安全事故,对负有责任的生产经营单位除要求其依法承担相应的赔偿等责任外,由安全生产监督管理部门依照下列规定处以罚款:

(1)发生一般事故的,处二十万元以上五十万元以下的罚款。

(2)发生较大事故的,处五十万元以上一百万元以下的罚款。

(3)发生重大事故的,处一百万元以上五百万元以下的罚款。

(4)发生特别重大事故的,处五百万元以上一千万元以下的罚款;情节特别严重的,处一千万元以上二千万元以下的罚款。

第一百一十条　本法规定的行政处罚,由安全生产监督管理部门和其他负有安全生产监督管理职责的部门按照职责分工决定。予以关闭的行政处罚由负有安全生产监督管理职责的部门报请县级以上人民政府按照国务院规定的权限决定;给予拘留的行政处罚由公安机关依照治安管理处罚法的规定决定。

第一百一十一条　生产经营单位发生生产安全事故造成人员伤亡、他人财产损失的,应当依法承担赔偿责任;拒不承担或者其负责人逃匿的,由人民法院依法强制执行。

生产安全事故的责任人未依法承担赔偿责任,经人民法院依法采取执行措施后,仍不能对受害人给予足额赔偿的,应当继续履行赔偿义务;受害人发现责任人有其他财产的,可以随时请求人民法院执行。

二、《中华人民共和国劳动法》

《中华人民共和国劳动法》于1994年7月5日第八届全国人民代表大会常务委员会第八次会议通过,自1995年1月1日起施行。2009年8月27日第十一届全国人民代表大会常务委员会第十次会议通过《全国人民代表大会常务委员会关于修改部分法律的决定》,对《中华人民共和国劳动法》进行了修改,自公布之日起施行。

《中华人民共和国劳动法》在促进就业、劳动合同和集体合同、工作时间和休息休假、工资、劳动安全卫生、女职工和未成年工特殊保护、职业培训、社会保险和福利、劳动争议、监督检查、法律责任方面作了规定。

有关劳动安全卫生方面,该法作了如下规定:

(1)规定用人单位必须建立、健全劳动安全卫生制度,严格执行国家劳动安全卫生规程和标准,对劳动者进行劳动安全卫生教育,防止劳动过程中出现事故,减少职业危害;

(2)劳动安全卫生设施必须符合国家规定的标准;

(3)新建、改建、扩建工程的劳动安全卫生设施必须与主体工程同时设计、同时施工、同时投入生产和使用;

(4)用人单位必须为劳动者提供符合国家规定的劳动安全卫生条件和必要的劳动防护用品,对从事有职业危害作业的劳动者应当定期进行健康检查;

(5)从事特种作业的劳动者必须经过专门培训并取得特种作业资格证后,才能上岗;

(6)县级以上各级人民政府劳动行政部门、有关部门和用人单位应当依法对劳动者在劳动过程中发生的伤亡事故和劳动者的职业病状况,进行统计、报告和处理。

三、《中华人民共和国消防法》

《中华人民共和国消防法》(中华人民共和国主席令第六号)已由中华人民共和国第十一届全国人民代表大会常务委员会第五次会议于2008年10月28日修订通过,自2009年5月1日起施行。

相关内容如下:

❶ 火灾预防

(1)机关、团体、企业、事业单位应履行下列消防安全职责:

①落实消防安全责任制,制定本单位的消防安全制度、消防安全操作规程,制定灭火和应急疏散预案;

②按照国家标准、行业标准配置消防设施、器材,设置消防安全标志,并定期组织检验、维修,确保完好有效;

③对建筑消防设施每年至少进行一次全面检测,确保完好有效,检测记录应当完整准确,存档备查;

④保障疏散通道、安全出口、消防车通道畅通,保证防火防烟分区、防火间距符合消防技术标准;

⑤组织防火检查,及时消除火灾隐患;

⑥组织进行有针对性的消防演练;

⑦法律、法规规定的其他消防安全职责。

(2)单位的主要负责人是本单位的消防安全责任人。

(3)对于消防安全重点单位除上述职责外,还应当履行的消防安全职责有:

①建立防火档案,确定消防安全重点部位,设置防火标志,实行严格管理;

②实行每日防火巡查,并建立巡查记录;

③职工进行消防安全培训;

④制定灭火和应急疏散预案,定期组织消防演练。

(4)同一建筑物由两个以上单位管理或者使用的,应当明确各方的消防安全责任,并确定责任人对共用的疏散通道、安全出口、建筑消防设施和消防车通道进行统一管理。

(5)进行电焊、气焊等具有火灾危险作业的人员和自动消防系统的操作人员,必须持证上岗,并遵守消防安全操作规程。

(6)消防产品必须符合国家标准;没有国家标准的,必须符合行业标准。禁止生产、销售或者使用不合格的消防产品以及国家明令淘汰的消防产品。

(7)电器产品、燃气用具的产品标准,应当符合消防安全的要求。

(8)任何单位、个人不得损坏、挪用或者擅自拆除、停用消防设施、器材,不得埋压、圈占、遮挡消火栓或者占用防火间距,不得占用、堵塞、封闭疏散通道、安全出口、消防车通道。人员密集场所的门窗不得设置影响逃生和灭火救援的障碍物。

❷ 消防组织

(1)下列单位应当建立专职消防队,承担本单位的火灾扑救工作:

①核电厂、大型发电厂、民用机场、大型港口;

②生产、储存易燃易爆危险物品的大型企业;

③储备可燃的重要物资的大型仓库、基地;

④上述规定以外的火灾危险较大、距离当地公安消防队较远的其他大型企业。

(2)专职消防队的建立,应当符合国家有关规定,并报当地公安机关消防机构验收。

(3)机关、团体、企业、事业等单位以及村民委员会、居民委员会根据需要,建立志愿消防队等多种形式的消防组织,开展群众性自防自救工作。

❸ 应急救援

(1)任何人发现火灾都应当立即报警。任何单位、个人都应当无偿为报警提供便利,不得阻拦报警。严禁谎报火警。人员密集场所发生火灾,该场所的现场工作人员应当立即组织、引导在场人员疏散。任何单位发生火灾,必须立即组织力量扑救。邻近单位应当给予支援。

(2)单位专职消防队、志愿消防队参加扑救外单位火灾所损耗的燃料、灭火剂和器材、装备等,由火灾发生地的人民政府给予补偿。

(3)对因参加扑救火灾或者应急救援受伤、致残或者死亡的人员,按照国家有关规定给予医疗、抚恤。

(4)火灾扑灭后,发生火灾的单位和相关人员应当按照公安机关消防机构的要求保护现场,接受事故调查,如实提供与火灾有关的情况。

四、《中华人民共和国职业病防治法》

《中华人民共和国职业病防治法》经2001年10月27日九届全国人大常委会第24次会议通过,并根据2011年12月31日十一届全国人大常委会第24次会议《关于修改〈中华人民共和国职业病防治法〉的决定》修正。自2011年12月31日起施行。

相关内容如下:

❶ 用人单位相关要求

(1)用人单位应当为劳动者创造符合国家职业卫生标准和卫生要求的工作环境和条件,并采取措施保障劳动者获得职业卫生保护。

(2)用人单位应当建立、健全职业病防治责任制,对本单位产生的职业病危害承担责任,且必须依法参加工伤社会保险。

(3)用人单位的主要负责人对本单位的职业病防治工作全面负责。

(4)用人单位应当依照法律、法规要求,严格遵守国家职业卫生标准,落实职业病预防措施,从源头上控制和消除职业病危害。

(5)产生职业病危害的用人单位的设立除应当符合法律、行政法规规定的设立条件外,其工作场所还应当符合下列职业卫生要求:

①职业病危害因素的强度或者浓度符合国家职业卫生标准;

②有与职业病危害防护相适应的设施;

③生产布局合理,符合有害与无害作业分开的原则;

④有配套的更衣间、洗浴间、孕妇休息间等卫生设施;

⑤设备、工具、用具等设施符合保护劳动者生理、心理健康的要求;

⑥法律、行政法规和国务院卫生行政部门、安全生产监督管理部门关于保护劳动者健康的其他要求。

(6)用人单位工作场所存在职业病目录所列职业病的危害因素的,应当及时、如实向所在地安全生产监督管理部门申报危害项目,接受监督。

(7)用人单位应当采取下列职业病防治管理措施:

①设置或者指定职业卫生管理机构或者组织,配备专职或者兼职的职业卫生管理人员,负责本单位的职业病防治工作;

②制定职业病防治计划和实施方案;

③建立、健全职业卫生管理制度和操作规程;

④建立、健全职业卫生档案和劳动者健康监护档案;

⑤建立、健全工作场所职业病危害因素监测及评价制度;

⑥建立、健全职业病危害事故应急救援预案。

(8)用人单位应当保障职业病防治所需的资金投入,不得挤占、挪用,并对因资金投入不足导致的后果承担责任。

(9)用人单位必须采用有效的职业病防护设施,并为劳动者提供个人使用的职业病防护用品,为劳动者个人提供的职业病防护用品必须符合防治职业病的要求;不符合要求的,不得使用。

(10)用人单位应当优先采用有利于防治职业病和保护劳动者健康的新技术、新工艺、新设备、新材料,逐步替代职业病危害严重的技术、工艺、设备、材料。

用人单位与劳动者订立劳动合同(含聘用合同,下同)时,应当将工作过程中可能产生的职业病危害及其后果、职业病防护措施和待遇等如实告知劳动者,并在劳动合同中写明,不得隐瞒或者欺骗。

(11)用人单位的主要负责人和职业卫生管理人员应当接受职业卫生培训,遵守职业病防治法律、法规,依法组织本单位的职业病防治工作。

(12)用人单位应当对劳动者进行上岗前的职业卫生培训和在岗期间的定期职业卫生培训,普及职业卫生知识,督促劳动者遵守职业病防治法律、法规、规章和操作规程,指导劳动者正确使用职业病防护设备和个人使用的职业病防护用品。

(13)用人单位应当为劳动者建立职业健康监护档案,并按照规定的期限妥善保存。职业健康监护档案应当包括劳动者的职业史、职业病危害接触史、职业健康检查结果和职业病诊疗等有关个人健康资料。

❷ 劳动者享有的职业卫生保护权利:

(1)获得职业卫生教育、培训;

(2)职业性健康检查、职业病诊疗、康复等职业病防治服务;

(3)了解工作场所产生或者可能产生的职业病危害因素、危害后果和应当采取的职业病防护措施;

(4)要求用人单位提供符合防治职业病要求的职业病防护措施和个人使用的职业病防护用品,改善工作条件;

(5)对违反职业病防治法律、法规以及危及生命健康的行为提出批评、检举和控告;

(6)拒绝执行违章指挥和强令没有职业病防护设施的作业;

(7)参与用人单位职业卫生工作的民主管理,对职业病防治工作提出意见和建议。

五、《生产安全事故报告和调查处理条例》

《生产安全事故报告和调查处理条例》于 2007 年 3 月 28 日国务院第 172 次常务会议通过,自 2007 年 6 月 1 日起施行。相关内容如下:

❶ 事故等级划分

根据生产安全事故(以下简称事故)造成的人员伤亡或者直接经济损失,事故一般分为以下等级("以上"包括本数,所称的"以下"不包括本数):

特别重大事故,是指造成 30 人以上死亡,或者 100 人以上重伤(包括急性工业中毒,下同),或者 1 亿元以上直接经济损失的事故;

重大事故,是指造成 10 人以上 30 人以下死亡,或者 50 人以上 100 人以下重伤,或者 5000 万元以上 1 亿元以下直接经济损失的事故;

较大事故,是指造成 3 人以上 10 人以下死亡,或者 10 人以上 50 人以下重伤,或者 1000 万元以上 5000 万元以下直接经济损失的事故;

一般事故,是指造成 3 人以下死亡,或者 10 人以下重伤,或者 1000 万元以下直接经济损失的事故。

❷ 事故报告

事故发生后,事故现场有关人员应当立即向本单位负责人报告;单位负责人接到报告后,应当于 1 小时内向事故发生地县级以上人民政府安全生产监督管理部门和负有安全生产监督管理职责的有关部门报告。

情况紧急时,事故现场有关人员可以直接向事故发生地县级以上人民政府安全生产监督管理部门和负有安全生产监督管理职责的有关部门报告。

报告事故应当包括下列内容：

(1)事故发生单位概况；

(2)事故发生的时间、地点以及事故现场情况；

(3)事故的简要经过；

(4)事故已经造成或者可能造成的伤亡人数(包括下落不明的人数)和初步估计的直接经济损失；

(5)已经采取的措施；

(6)其他应当报告的情况。

道路交通事故、火灾事故自发生之日起 7 日内，事故造成的伤亡人数发生变化的，应当及时补报。

事故发生单位负责人接到事故报告后，应当立即启动事故相应应急预案，或者采取有效措施，组织抢救，防止事故扩大，减少人员伤亡和财产损失。

事故发生后，有关单位和人员应当妥善保护事故现场以及相关证据，任何单位和个人不得破坏事故现场、毁灭相关证据。

因抢救人员、防止事故扩大以及疏通交通等原因，需要移动事故现场物件的，应当做出标志，绘制现场简图并做出书面记录，妥善保存现场重要痕迹、物证。

❸ 事故处理

事故发生单位应当按照负责事故调查的人民政府的批复，对本单位负有事故责任的人员进行处理。

负有事故责任的人员涉嫌犯罪的，依法追究刑事责任。

事故发生单位应当认真吸取事故教训，落实防范和整改措施，防止事故再次发生。防范和整改措施的落实情况应当接受工会和职工的监督。

❹ 法律责任

事故发生单位主要负责人有下列行为之一的，处上一年年收入40%至80%的罚款；属于国家工作人员的，并依法给予处分；构成犯罪的，依法追究刑事责任：

(1)不立即组织事故抢救的；

(2)迟报或者漏报事故的；

(3)在事故调查处理期间擅离职守的。

事故发生单位及其有关人员有下列行为之一的，对事故发生单位处100万元以上500万元以下的罚款；对主要负责人、直接负责的主管人员和其他直接责任人员处上一年年收入60%至100%的罚款；属于国家工作人员的，并依法给予处分；构成违反治安管理行为的，由公安机关依法给予治安管理处罚；构成犯罪的，依法追究刑事责任：

(1)谎报或者瞒报事故的；

(2)伪造或者故意破坏事故现场的；

(3)转移、隐匿资金、财产，或者销毁有关证据、资料的；

(4)拒绝接受调查或者拒绝提供有关情况和资料的；

(5)在事故调查中作伪证或者指使他人作伪证的；

(6)事故发生后逃匿的。

事故发生单位对事故发生负有责任的，依照下列规定处以罚款：

(1)发生一般事故的，处10万元以上20万元以下的罚款；

(2)发生较大事故的，处20万元以上50万元以下的罚款；

(3)发生重大事故的，处50万元以上200万元以下的罚款；

(4)发生特别重大事故的，处200万元以上500万元以下的罚款。

事故发生单位主要负责人未依法履行安全生产管理职责，导

致事故发生的,依照下列规定处以罚款;属于国家工作人员的,并依法给予处分;构成犯罪的,依法追究刑事责任:

(1)发生一般事故的,处上一年年收入30%的罚款;

(2)发生较大事故的,处上一年年收入40%的罚款;

(3)发生重大事故的,处上一年年收入60%的罚款;

(4)发生特别重大事故的,处上一年年收入80%的罚款。

事故发生单位对事故发生负有责任的,由有关部门依法暂扣或者吊销其有关证照;对事故发生单位负有事故责任的有关人员,依法暂停或者撤销其与安全生产有关的执业资格、岗位证书;事故发生单位主要负责人受到刑事处罚或者撤职处分的,自刑罚执行完毕或者受处分之日起,5年内不得担任任何生产经营单位的主要负责人。

为发生事故的单位提供虚假证明的中介机构,由有关部门依法暂扣或者吊销其有关证照及其相关人员的执业资格;构成犯罪的,依法追究刑事责任。

六、《中华人民共和国道路运输条例》

《中华人民共和国道路运输条例》经2004年4月14日国务院第48次常务会议通过,2004年4月30日中华人民共和国国务院令第406号公布;依据2012年11月9日发布的《国务院关于修改和废止部分行政法规的决定》修正,自2013年1月1日起施行。

相关内容如下:

❶ 道路运输经营

(1)从事货运经营的驾驶人员,应当符合下列条件:

①取得相应的机动车驾驶证;

②年龄不超过60周岁；

③经设区的市级道路运输管理机构对有关货运法律法规、机动车维修和货物装载保管基本知识考试合格。

(2)货运经营者应当加强对从业人员的安全教育、职业道德教育,确保道路运输安全。

道路运输从业人员应当遵守道路运输操作规程,不得违章作业。驾驶人员连续驾驶时间不得超过4个小时。

(3)生产(改装)货运车辆的企业应当按照国家规定标定车辆的核定人数或者载重量,严禁多标或者少标车辆的核定人数或者载重量。货运经营者应当使用符合国家规定标准的车辆从事道路运输经营。

(4)货运经营者应当加强对车辆的维护和检测,确保车辆符合国家规定的技术标准;不得使用报废的、擅自改装的和其他不符合国家规定的车辆从事道路运输经营。

(5)货运经营者应当制定有关交通事故、自然灾害以及其他突发事件的道路运输应急预案。应急预案应当包括报告程序、应急指挥、应急车辆和设备的储备以及处置措施等内容。

(6)发生交通事故、自然灾害以及其他突发事件,货运经营者应当服从县级以上人民政府或者有关部门的统一调度、指挥。

(7)道路运输车辆应当随车携带车辆营运证,不得转让、出租。

(8)运输货物的,不得运输旅客,运输的货物应当符合核定的载重量,严禁超载;载物的长、宽、高不得违反装载要求。

❷ 法律责任

(1)违反条例的规定,货运经营者不按照规定携带车辆营运证的,由县级以上道路运输管理机构责令改正,处警告或者20元以上200元以下的罚款。

(2)违反条例的规定,货运经营者有下列情形之一的,由县级以上道路运输管理机构责令改正,处1000元以上3000元以下的罚款;情节严重的,由原许可机关吊销道路运输经营许可证:

①不按规定的线路、公布的班次行驶的;

②强行招揽货物的;

③运输途中擅自变更运输车辆或者将货物移交他人运输的;

④未报告原许可机关,擅自终止客运经营的;

⑤没有采取必要措施防止货物脱落、扬撒等的。

(3)违反条例的规定,货运经营者不按规定维护和检测运输车辆的,由县级以上道路运输管理机构责令改正,处1000元以上5000元以下的罚款。

(4)违反条例的规定,货运经营者擅自改装已取得车辆营运证的车辆的,由县级以上道路运输管理机构责令改正,处5000元以上2万元以下的罚款。

七、《道路货物运输及站场管理规定》

《道路货物运输及站场管理规定》2005年6月16日交通部发布,根据2016年4月11日交通运输部发布的《关于修改〈道路货物运输及站场管理规定〉的决定》第四次修正。

本规定的目的是为规范道路货物运输和道路货物运输站(场)经营活动,维护道路货物运输市场秩序,保障道路货物运输安全,保护道路货物运输和道路货物运输站(场)有关各方当事人的合法权益。

相关内容如下:

(1)道路货物运输经营者应当按照《道路运输经营许可证》核定的经营范围从事货物运输经营,不得转让、出租道路运输经营许可证件。

(2)道路货物运输经营者应当对从业人员进行经常性的安全、职业道德教育和业务知识、操作规程培训。

(3)道路货物运输经营者应当按照国家有关规定在其重型货运车辆、牵引车上安装、使用行驶记录仪,并采取有效措施,防止驾驶人员连续驾驶时间超过 4 个小时。

(4)道路货物运输经营者应当要求其聘用的车辆驾驶员随车携带《道路运输证》。《道路运输证》不得转让、出租、涂改、伪造。

(5)道路货物运输经营者应当聘用持有从业资格证的驾驶人员。

(6)营运驾驶员应当驾驶与其从业资格类别相符的车辆。驾驶营运车辆时,应当随身携带从业资格证。

(7)运输的货物应当符合货运车辆核定的载质量,载物的长、宽、高不得违反装载要求。禁止货运车辆违反国家有关规定超限、超载运输。

(8)禁止使用货运车辆运输旅客。

(9)道路货物运输经营者运输大型物件,应当制定道路运输组织方案。涉及超限运输的应当按照交通部颁布的《超限运输车辆行驶公路管理规定》办理相应的审批手续。

(10)从事大型物件运输的车辆,应当按照规定装置统一的标志和悬挂标志旗;夜间行驶和停车休息时应当设置标志灯。

(11)道路货物运输经营者不得运输法律、行政法规禁止运输的货物。

(12)道路货物运输经营者在受理法律、行政法规规定限运、凭证运输的货物时,应当查验并确认有关手续齐全有效后方可运输。

(13)货物托运人应当按照有关法律、行政法规的规定办理限运、凭证运输手续。

(14)道路货物运输经营者不得采取不正当手段招揽货物、垄

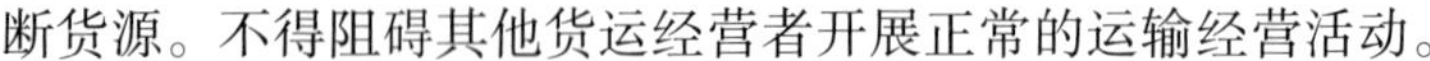

断货源。不得阻碍其他货运经营者开展正常的运输经营活动。

(15)道路货物运输经营者应当采取有效措施，防止货物变质、腐烂、短少或者损失。

(16)道路货物运输经营者和货物托运人应当按照《合同法》的要求，订立道路货物运输合同。

(17)道路货物运输可以采用交通运输部颁布的《汽车货物运输规则》所推荐的道路货物运单签订运输合同。

(18)国家鼓励实行封闭式运输。道路货物运输经营者应当采取有效的措施，防止货物脱落、扬撒等情况发生。

(19)道路货物运输经营者应当制定有关交通事故、自然灾害、公共卫生以及其他突发公共事件的道路运输应急预案。应急预案应当包括报告程序、应急指挥、应急车辆和设备的储备以及处置措施等内容。

(20)发生交通事故、自然灾害、公共卫生以及其他突发公共事件，道路货物运输经营者应当服从县级以上人民政府或者有关部门的统一调度、指挥。

八、道路运输从业人员管理规定

《道路运输从业人员管理规定》于 2006 年 11 月 23 日发布，自 2007 年 3 月 1 日起施行。依据 2016 年 4 月 21 日发布的《交通运输部关于修改〈道路运输从业人员管理规定〉的决定》修正。

相关内容如下：

❶ 从业资格管理

(1)国家对经营性道路客货运输驾驶员、道路危险货物运输从业人员实行从业资格考试制度。其他已实施国家职业资格制度的道路运输从业人员，按照国家职业资格的有关规定执行。

(2)经营性道路客货运输驾驶员和道路危险货物运输从业人员必须取得相应从业资格,方可从事相应的道路运输活动。

(3)道路运输从业人员从业资格考试应当按照交通运输部编制的考试大纲、考试题库、考核标准、考试工作规范和程序组织实施。

(4)经营性道路客货运输驾驶员从业资格考试由设区的市级道路运输管理机构组织实施,每月组织一次考试。

(5)经营性道路货物运输驾驶员应当符合下列条件:

①取得相应的机动车驾驶证;

②年龄不超过60周岁;

③掌握相关道路货物运输法规、机动车维修和货物装载保管基本知识;

④经考试合格,取得相应的从业资格证件。

❷ 从业资格证件管理

(1)经营性道路客货运输驾驶员、道路危险货物运输从业人员经考试合格后,取得《中华人民共和国道路运输从业人员从业资格证》,道路运输从业人员从业资格证件全国通用。

(2)已获得从业资格证件的人员需要增加相应从业资格类别的,应当向原发证机关提出申请,并按照规定参加相应培训和考试。

(3)道路运输从业人员从业资格证件有效期为6年。道路运输从业人员应当在从业资格证件有效期届满30日前到原发证机关办理换证手续。

(4)道路运输从业人员从业资格证件遗失、毁损的,应当到原发证机关办理证件补发手续。

(6)道路运输从业人员服务单位变更的,应当到交通运输主管部门或者道路运输管理机构办理从业资格证件变更手续。

(7)道路运输从业人员从业资格档案应当由原发证机关在变更手续办结后30日内移交户籍迁入地或者现居住地的交通运输主管部门或者道路运输管理机构。

(8)道路运输从业人员有下列情形之一的,由发证机关注销其从业资格证件:

①持证人死亡的;

②持证人申请注销的;

③经营性道路客货运输驾驶员、道路危险货物运输从业人员年龄超过60周岁的;

④经营性道路客货运输驾驶员、道路危险货物运输驾驶员的机动车驾驶证被注销或者被吊销的;

⑤超过从业资格证件有效期180日未申请换证的。

(9)凡被注销的从业资格证件,应当由发证机关予以收回,公告作废并登记归档;无法收回的,从业资格证件自行作废。

❸ 从业行为

(1)经营性道路客货运输驾驶员以及道路危险货物运输从业人员应当在从业资格证件许可的范围内从事道路运输活动。道路危险货物运输驾驶员除可以驾驶道路危险货物运输车辆外,还可以驾驶原从业资格证件许可的道路旅客运输车辆或者道路货物运输车辆。

(2)道路运输从业人员在从事道路运输活动时,应当携带相应的从业资格证件,并应当遵守国家相关法规和道路运输安全操作规程,不得违法经营、违章作业。

(3)道路运输从业人员应当按照规定参加国家相关法规、职业道德及业务知识培训。

(4)经营性道路客货运输驾驶员和道路危险货物运输驾驶员不得超限、超载运输,连续驾驶时间不得超过4个小时。

（5）经营性道路货物运输驾驶员应当采取必要措施防止货物脱落、扬撒等。

（6）严禁驾驶道路货物运输车辆从事经营性道路旅客运输活动。

九、《交通运输突发事件应急管理规定》

《交通运输突发事件应急管理规定》已于2011年9月22日经第10次部务会议通过，现予公布，自2012年1月1日起施行。

本规定所称交通运输突发事件，是指突然发生，造成或者可能造成交通运输设施毁损，交通运输中断、阻塞，重大船舶污染及海上溢油应急处置等，需要采取应急处置措施，疏散或者救援人员，提供应急运输保障的自然灾害、事故灾难、公共卫生事件和社会安全事件。

❶ 应急准备

（1）交通运输企业应当按照所在地交通运输主管部门制定的交通运输突发事件应急预案，制定本单位交通运输突发事件应急预案。

（2）应急预案应当根据有关法律、法规的规定，针对交通运输突发事件的性质、特点、社会危害程度以及可能需要提供的交通运输应急保障措施，明确应急管理的组织指挥体系与职责、监测与预警、处置程序、应急保障措施、恢复与重建、培训与演练等具体内容。

（3）应急预案的制定、修订程序应当符合国家相关规定。应急预案涉及其他相关部门职能的，在制定过程中应当征求各相关部门的意见。应急预案应当根据实际需要、情势变化和演练验证，适时修订。

(4)交通运输企业应当按照有关规划和应急预案的要求,根据应急工作的实际需要,建立健全应急装备和应急物资储备、维护、管理和调拨制度,储备必需的应急物资和运力,配备必要的专用应急指挥交通工具和应急通信装备,并确保应急物资装备处于正常使用状态。根据实际需要,建立由本单位职工组成的专职或者兼职应急队伍。

(5)交通运输企业应当将本单位应急装备、应急物资、运力储备和应急队伍的实时情况及时报所在地交通运输主管部门备案。

(6)所有列入应急队伍的交通运输应急人员,其所属单位应当为其购买人身意外伤害保险,配备必要的防护装备和器材,减少应急人员的人身风险。

(7)交通运输企业应当安排应急专项经费,保障交通运输突发事件应急工作的需要。应急专项资金和经费主要用于应急预案编制及修订、应急培训演练、应急装备和队伍建设、日常应急管理、应急宣传以及应急处置措施等。

❷ 监测、预警与应急处置

(1)交通运输企业应当组织开展企业内交通运输突发事件危险源辨识、评估工作,采取相应安全防范措施,加强危险源监控与管理,并按规定及时向交通运输主管部门报告。

(2)交通运输突发事件的应急处置应当在各级人民政府的统一领导下进行。

(3)交通运输企业应当加强对本单位应急设备、设施、队伍的日常管理,保证应急处置工作及时、有效开展。

(4)交通运输突发事件应急处置过程中,交通运输企业应当接受交通运输主管部门的组织、调度和指挥。

第二章　企业安全生产主体责任

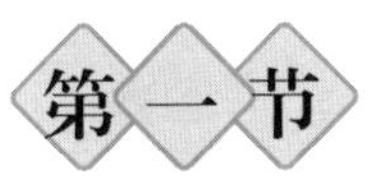

第一节　安全生产主体责任概述

企业是生产经营活动的主体,也是安全生产工作责任的直接承担主体。《中华人民共和国安全生产法》第三条规定:安全生产工作应当以人为本,坚持安全发展,坚持安全第一、预防为主、综合治理的方针,强化和落实生产经营单位的主体责任,建立生产经营单位负责、职工参与、政府监管、行业自律和社会监督的机制。生产经营单位的主体责任是指生产经营单位依照法律、法规规定,应当履行的安全生产法定职责和义务。

企业是安全生产的责任主体是因为:第一,企业生产经营的目的是为了创造效益,那么企业在实现其生产利润的同时责无旁贷地肩负着安全责任,企业法人、产业工人在抓好产品生产管理、效益的过程务必同时强调、实现自身安全操作;第二,“生产”与“安全”如影相随,看似无形实有形,也就是安全这一关键问题其实贯穿于生产领域的全过程,两者其实是相伴而行的,而落实这些安全管理制度、落实各项防范措施毫无疑问的是由企业去完成;第三,政府本身没有参与生产经营,从管理层面上说,主要是履行监督管理企业安全生产的职责。因此说企业是安全生产第一责任人,是责任主体。

企业安全生产主体责任的内涵是指:企业是生产经营活动的主体,是安全生产工作责任的直接承担主体。企业安全生产主体

责任,是指企业依照法律、法规规定,应当履行的安全生产法定职责和义务。企业承担安全生产主体责任是指企业在生产经营活动全过程中必须在以下方面履行义务,承担责任,接受未尽责的追究。

一、企业应承担的安全生产主体责任

(1)依法建立安全生产管理机构。

(2)建立健全安全生产责任制和各项管理制度。

(3)持续具备法律、法规、规章、国家标准和行业标准规定的安全生产条件。

(4)确保资金投入满足安全生产需要。

(5)依法组织从业人员参加安全生产教育和培训。

(6)如实告知从业人员作业场所和工作岗位存在的危险、危害因素、防范措施和事故应急措施,教育职工自觉承担安全生产义务。

(7)为从业人员提供符合国家标准或行业标准的劳动防护用品,并监督教育从业人员按照规定佩戴使用。

(8)对重大危险源实施有效的检测、监控。

(9)预防和减少作业场所职业危害。

(10)安全设施、设备(包括特种设备)符合安全管理的有关要求,按规定定期检测检验。

(11)依法制订生产安全事故应急救援预案,落实操作岗位应急措施。

(12)及时发现、治理和消除本单位安全事故隐患。

(13)积极采取先进的安全生产技术、设备和工艺,提高安全生产科技保障水平;确保所使用的工艺装备及相关劳动工具符合安全生产要求。

(14)保证新建、改建、扩建工程项目(以下简称建设项目)依法实施安全设施“三同时”。

(15)统一协调管理承包、承租单位安全生产工作。

(16)依法参加工伤社会保险,为从业人员缴纳保险费。

(17)按要求上报生产安全事故,做好事故抢险救援,妥善处理对事故伤亡人员依法赔偿等事故善后工作。

(18)法律、法规规定的其他安全生产责任。

二、企业安全生产主体责任主要内容

(1)物质保障责任:包括具备安全生产条件;依法履行建设项目安全设施“三同时”的规定;依法为从业人员提供劳动防护用品,并监督、教育其正确佩戴和使用。

(2)资金投入责任:包括按规定提取和使用安全生产费用,确保资金投入满足安全生产条件需要;按规定存储安全生产风险抵押金;依法为从业人员缴纳工伤保险费;保证安全生产教育培训的资金。

(3)机构设置和人员配备责任:包括依法设置安全生产管理机构,配备安全生产管理人员;按规定委托和聘用注册安全工程师或者注册安全助理工程师为其提供安全管理服务。

(4)规章制度制定责任:包括建立健全安全生产责任制和各项规章制度、操作规程。

(5)教育培训责任:包括依法组织从业人员参加安全生产教育培训,取得相关上岗资格证书。

(6)安全管理责任:包括依法加强安全生产管理;定期组织开展安全检查;依法取得安全生产许可;依法对重大危险源实施监控;及时消除事故隐患;开展安全生产宣传教育;统一协调管理承

包、承租单位的安全生产工作。

(7)事故报告和应急救援的责任。包括按规定报告生产安全事故;及时开展事故抢险救援;妥善处理事故善后工作。

(8)法律、法规、规章规定的其他安全生产责任。

(9)强化企业安全生产主体责任有十分重要的意义。企业是社会经济活动中的建设者又是受益者,是安全生产中不容置疑的责任主体,在社会生产中负有不可推卸的社会责任。企业必须认识到安全生产是坚持科学发展观的内在要求,也是企业生存与发展的必然选择。增强安全生产主体责任,实现安全生产,是企业追求利益最大化的最终目的,是实现物质利益和社会效益的最佳结合。

三、建立安全生产责任制的目的和意义

《中华人民共和国安全生产法》第四条明确指出:"生产经营单位必须遵守本法和其他有关安全生产的法律、法规,加强安全生产管理,建立、健全安全生产责任制和安全生产规章制度,改善安全生产条件,推进安全生产标准化建设,提高安全生产水平,确保安全生产。"

建立安全生产责任制的目的,一方面是增强生产经营单位各级负责人员,各职能部门及其他工作人员和各岗位的工作人员对安全生产的责任感;另一方面也是为了调动其责任心和主观能动性,确保安全生产。

建立安全生产责任制的意义在于落实安全生产方针和有关安全生产法规和政策的要求;通过明确责任使各级、各类人员真正重视安全生产工作,对预防事故减少损失、进行事故调查和处理,建立和谐社会均具有重要作用。

四、安全生产责任制的定义

安全生产责任制是按照“安全第一、预防为主”的安全生产方针和“管生产必须管安全”的原则，将各级负责人员、各职能部门及其工作人员和各岗位生产人员在安全生产方面应做的事情和应负的责任加以明确规定的一种制度。

安全生产责任制是生产经营单位各项安全生产规模制度的核心，是生产经营单位行政岗位责任制和经济责任制度的重要组成部分，也是最基本的职业健康安全管理制度。

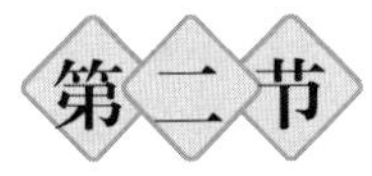

第二节　主要负责人的安全职责和法律责任

一、主要负责人的安全职责

《中华人民共和国安全生产法》第十八条规定，生产经营单位的主要负责人对本单位安全生产工作负有下列职责：

(1)建立、健全本单位安全生产责任制；

(2)组织制定本单位安全生产规章制度和操作规程；

(3)组织制定并实施本单位安全生产教育和培训计划；

(4)保证本单位安全生产投入的有效实施；

(5)督促、检查本单位的安全生产工作，及时消除生产安全事故隐患；

(6)组织制定并实施本单位的生产安全事故应急救援预案；

(7)及时、如实报告生产安全事故。

二、主要负责人的法律责任

❶ 生产经营单位不依法投入安全生产费用的法律责任

生产经营单位不依照规定保证安全生产所必需的资金投入，从而导致生产经营单位不具备安全生产条件，对于有违法行为的，首先应由负责安全监督管理的部门责令其在规定的期限内纠正违法行为，提供生产经营单位应当具备的安全生产条件所必需的资金。

如果违法行为人在规定的期限内仍未改正的，责令生产经营单位停产停业整顿。责令停产停业，是指行政执法机关对违反行政管理秩序的企业事业单位，依法在一定期限内暂停其从事有关生产经营活动的行政处罚。

导致发生生产安全事故的，对生产经营单位的主要负责人给予其撤职处分，对个人经营的投资人处 2 万元以上 20 万元以下的罚款。

❷ 生产经营单位主要负责人不履行安全生产管理职责的法律责任

生产经营单位主要负责人不履行安全生产管理职责的，行政执法机关责其在规定期限内，依照规定履行其应尽的安全生产管理职责。在规定的期限内，生产经营单位的主要负责人仍然未按规定纠正违法行为，履行其职责的，对其处 2 万元以上 5 万元以下的罚款。

生产经营单位主要负责人未履行安全生产管理职责，导致发生生产安全事故的，给予其撤职处分。构成犯罪的，依照刑法有关规定追究刑事责任。

生产经营单位主要负责人依照规定受刑事处罚或者撤职处

分的，自刑罚执行完毕或者受处分之日起，5 年内不得担任任何生产经营单位的主要负责人。对重大、特别重大生产安全事故负有责任的，终身不得担任本行业生产经营单位的主要负责人。

❸ 对生产经营单位主要负责人不立即组织抢救、擅离职守或者逃匿的处罚

（1）予以降级、撤职的处分。具体给予降级还是撤职处分，则根据行为人的违法情节进一步确定，同时对该主要负责人处其上一年收入 60% ~100% 的罚款。

（2）对于发生事故后逃匿的，由公安机关依照治安管理处罚法规定的程序处 15 日以下拘留。

（3）构成犯罪的，依照刑法有关规定追究刑事责任。

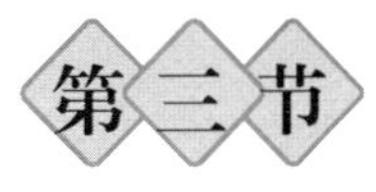

第三节　安全生产管理人员的安全职责和法律责任

一、安全生产管理人员安全职责

《安全生产法》第二十二条规定，生产经营单位的安全生产管理机构以及安全生产管理人员履行下列职责：

（1）组织或者参与拟订本单位安全生产规章制度、操作规程和生产安全事故应急救援预案；

（2）组织或者参与本单位安全生产教育和培训，如实记录安全生产教育和培训情况；

（3）督促落实本单位重大危险源的安全管理措施；

（4）组织或者参与本单位应急救援演练；

（5）检查本单位的安全生产状况，及时排查生产安全事故隐

患,提出改进安全生产管理的建议;

(6)制止和纠正违章指挥、强令冒险作业、违反操作规程的行为;

(7)督促落实本单位安全生产整改措施。

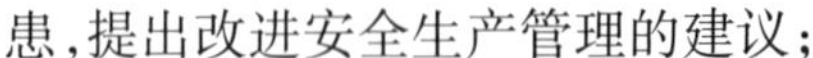

二、安全管理人员的法律责任

《安全生产法》第二十三条规定,生产经营单位的安全生产管理机构以及安全生产管理人员应当恪尽职守,依法履行职责。

安全生产管理人员应依法履行安全生产管理职责,生产经营单位也要为安全生产管理人员依法履行职责提供便利,同时也要督促其依法履行职责。安全生产管理人员未依法履行安全生产管理职责的,有关部门应当责令其限期改正。

安全生产管理人员未履行本法规规定的安全生产管理职责而导致发生安全生产事故的,暂停或撤销其与安全生产有关的资格。生产经营单位可以依法暂停该安全管理人员负责安全管理工作,也可以依法对其进行撤换。安全生产管理人员构成犯罪的,依照刑法有关规定追究刑事责任。

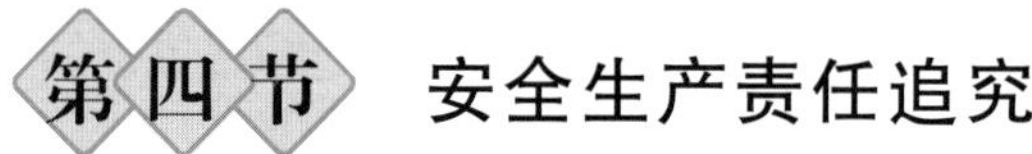

第四节　安全生产责任追究

安全生产责任追究是指因安全生产责任者未履行安全生产有关的法定责任,根据其行为的性质及后果的严重性,追究其刑事、行政或民事责任的一种制度。在现行有关安全生产的法律、行政法规中,《中华人民共和国刑法》《中华人民共和国安全生产法》及《工伤保险条例》等对安全生产违法行为的法律责任作出了规定。本节针对刑事、行政或民事责任的内容作了介绍,同时,还加入了纪律责任的相关内容。

❶ 刑事责任

刑事责任是指责任主体违反安全生产法律规定构成犯罪，由司法机关依照刑事法律给予刑罚的一种法律责任。依法处以剥夺犯罪分子人身自由的刑罚，是三种法律责任中最严厉的。为了制裁那些严重的安全生产违法犯罪分子，《中华人民共和国刑法》有关安全生产违法行为的罪名，主要是重大责任事故罪、重大劳动安全事故罪及消防责任事故罪等。《中华人民共和国安全生产法》中也设定了刑事责任。

1)《中华人民共和国刑法》中关于刑事责任的规定

(1)重大责任事故罪。

在生产、作业中违反有关安全管理的规定，因而发生重大伤亡事故或者造成其他严重后果的，处三年以下有期徒刑或者拘役；情节特别恶劣的，处三年以上七年以下有期徒刑。

强令他人违章冒险作业，因而发生重大伤亡事故或者造成其他严重后果的，处五年以下有期徒刑或者拘役；情节特别恶劣的，处五年以上有期徒刑。

(2)重大劳动安全事故罪。

安全生产设施或者安全生产条件不符合国家规定，因而发生重大伤亡事故或者造成其他严重后果的，对直接负责的主管人员和其他直接责任人员，处三年以下有期徒刑或者拘役；情节特别恶劣的，处三年以上七年以下有期徒刑。

(3)消防责任事故罪。

违反消防管理法规，经消防监督机构通知采取改正措施而拒绝执行，造成严重后果的，对直接责任人员，处 3 年以下有期徒刑或者拘役；后果特别严重的，处 3 年以上 7 年以下有期徒刑。

2)《安全生产法》中关于刑事责任的规定

(1)生产经营单位的决策机构、主要负责人、个人经营的投资人不依照本法规定保证安全生产所必需的资金投入，致使生产经营单位不具备安全生产条件的，责令限期改正，提供必需的资金；逾期未改正的，责令生产经营单位停产停业整顿。

有上述违法行为，导致发生生产安全事故，构成犯罪的，依照刑法有关规定追究刑事责任；尚不够刑事处罚的，对生产经营单位的主要负责人给予撤职处分，对个人经营的投资人处 2 万元以上 20 万元以下的罚款。

(2)生产经营单位的主要负责人未履行本法规定的安全生产管理职责的，责令限期改正；逾期未改正的，责令生产经营单位停产停业整顿。

生产经营单位的主要负责人有上述违法行为，导致发生生产安全事故，构成犯罪的，依照刑法有关规定追究刑事责任；尚不够刑事处罚的，给予撤职处分或者处 2 万元以上 20 万元以下的罚款。

生产经营单位的主要负责人依照上述规定受刑事处罚或者撤职处分的，自刑罚执行完毕或者受处分之日起，5 年内不得担任任何生产经营单位的主要负责人。

(3)生产经营单位主要负责人在本单位发生重大生产安全事故时，不立即组织抢救或者在事故调查处理期间擅离职守或者逃匿的，给予降职、撤职的处分，对逃匿的处 15 日以下拘留；构成犯罪的，依照刑法有关规定追究刑事责任。

生产经营单位主要负责人对生产安全事故隐瞒不报、谎报或者拖延不报的，依照上述规定处罚。

❷ 行政责任

行政责任是指责任主体违反安全生产法律规定，由有关人民政府和安全生产监督管理部门、公安机关依法对其实施行政处罚的一种法律责任。行政责任在追究安全生产违法行为的法律责任方式中运用最多。《中华人民共和国安全生产法》针对安全生产违法行为设定的行政处罚，共有责令改正、责令限期改正、责令停产停业整顿、责令停止建设、停止使用、责令停止违法行为、罚款、没收违法所得、吊销证照、行政拘留、关闭11种，这在我国安全生产的法律、行政法规设定行政处罚的种类中是最多的。

1)《工伤保险条例》中关于行政责任的规定

(1)单位或个人挪用工伤保险基金，构成犯罪的，依法追究刑事责任；尚不构成犯罪的，依法给予行政处分或者纪律处分。被挪用的基金由劳动保障行政部门追回，并入工伤保险基金；没收的违法所得依法上缴国库。

(2)用人单位瞒报工资总额或者职工人数的，由劳动保障行政部门责令改正，并处瞒报工资数额1倍以上3倍以下的罚款。

用人单位、工伤职工或者其直系亲属骗取工伤保险待遇，医疗机构、辅助器具配置机构骗取工伤保险基金支出的，由劳动保障行政部门责令退还，并处骗取金额1倍以上3倍以下的罚款；情节严重，构成犯罪的，依法追究刑事责任。

(3)用人单位依照本条例规定应当参加工伤保险而未参加的，由劳动保障行政部门责令改正；未参加工伤保险期间用人单位职工发生工伤的，由该用人单位按照本条例规定的工伤保险待遇项目和标准支付费用。

2)《安全生产违法行为行政处罚办法》中关于行政责任的规定

(1)生产经营单位及其主要负责人或者其他人员有下列行为之一的，给予警告，并可以对生产经营单位处1万元以上3万元以下的罚款，对其主要负责人、其他有关人员处1000元以上1万元以下的罚款：

①违反操作规程或者安全管理规定作业的；

②违章指挥从业人员或者强令从业人员违章、冒险作业的；

③发现从业人员违章作业不加制止的；

④超过核定的生产能力、强度或者定员进行生产的；

⑤对被查封或者扣押的设施、设备、器材，擅自启封或者使用的；

⑥故意提供虚假情况或者隐瞒存在的事故隐患以及其他安全问题的；

⑦对事故预兆或者已发现的事故隐患不及时采取措施的；

⑧拒绝、阻碍安全生产行政执法人员监督检查的；

⑨拒绝、阻碍安全监管监察部门聘请的专家进行现场检查的；

⑩拒不执行安全监管监察部门及其行政执法人员的安全监管监察指令的。

(2)生产经营单位与从业人员订立协议，免除或者减轻其对从业人员因生产安全事故伤亡依法应承担的责任的，该协议无效；对生产经营单位的主要负责人、个人经营的投资人按照下列规定处以罚款：

①在协议中减轻因生产安全事故伤亡对从业人员依法应承担的责任的，处2万元以上5万元以下的罚款；

②在协议中免除因生产安全事故伤亡对从业人员依法应承担的责任的，处5万元以上10万元以下的罚款。

(3)生产经营单位及其有关人员触犯不同的法律规定，有两个以上应当给予行政处罚的安全生产违法行为的，安全监管监察部门应当适用不同的法律规定，分别裁量，合并处罚。

(4)对同一生产经营单位及其有关人员的同一安全生产违法行为，不得给予两次以上罚款的行政处罚。

(5)生产经营单位及其有关人员有下列情形之一的，应当从重处罚：

①危及公共安全或者其他生产经营单位安全的，经责令限期

改正,逾期未改正的;

②一年内因同一违法行为受到两次以上行政处罚的;

③拒不整改或者整改不力,其违法行为呈持续状态的;

④拒绝、阻碍或者以暴力威胁行政执法人员的。

(6)生产经营单位及其有关人员有下列情形之一的,应当从轻或者减轻行政处罚:

①主动消除或者减轻安全生产违法行为危害后果的;

②受他人胁迫实施安全生产违法行为的;

③配合安全监管监察部门查处安全生产违法行为有立功表现的;

④其他依法应予以从轻或者减轻行政处罚的。

安全生产违法行为轻微并及时纠正,没有造成危害后果的,不予行政处罚。

❸ 民事责任

民事责任是指责任主体违反安全生产法律规定造成民事损害,由人民法院依照民事法律强制其进行民事赔偿的一种法律责任。民事责任的追究是为了最大限度地维护当事人受到民事损害时享有获得民事赔偿的权利。《中华人民共和国安全生产法》是我国安全生产法律、行政法规中唯一设定民事责任的法律,以下是针对民事责任的具体规定:

(1)生产经营单位将生产经营项目、场所、设备发包或者出租给不具备安全生产条件或者相应资质的单位或者个人的,责令限期改正,没收违法所得;违法所得5万元以上的,并处违法所得1倍以上5倍以下的罚款;没有违法所得或者违法所得不足5万元的,单处或者并处1万元以上5万元以下的罚款;导致发生生产安全事故给他人造成损害的,与承包方、承租方承担连带赔偿责任。

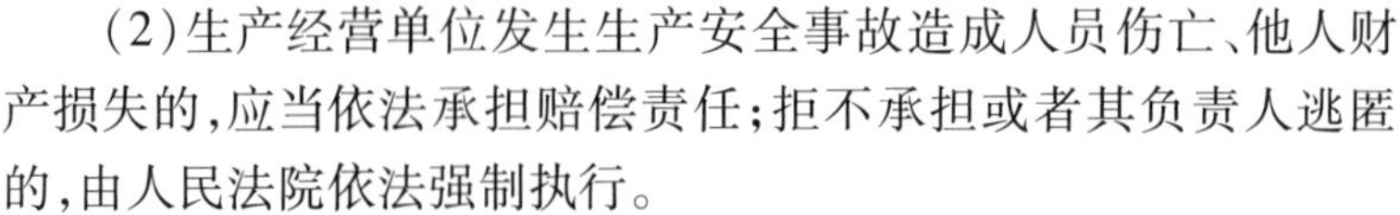

(2)生产经营单位发生生产安全事故造成人员伤亡、他人财产损失的,应当依法承担赔偿责任;拒不承担或者其负责人逃匿的,由人民法院依法强制执行。

生产安全事故的责任人未依法承担赔偿责任,经人民法院依法采取执行措施后,仍不能对受害人给予足额赔偿的,应当继续履行赔偿义务;受害人发现责任人有其他财产的,可以随时请求人民法院执行。

❹ 纪律责任

纪律责任是指安全生产领域违法违纪行为人所应承担的法律后果,这种后果除了处分以外,还包括对违法违纪所取得的财务的没收、追缴和责令退赔等。这里所说的纪律责任既包括违反法律应承担的责任,也包括违反纪律应承担的责任。

1)《安全生产领域违法违纪行为政纪处分暂行规定》中关于纪律责任的规定

(1)有安全生产领域违法违纪行为的企业、事业单位,对其直接负责的主管人员和其他直接责任人员,以及对有安全生产领域违法违纪行为的企业、事业单位工作人员中由国家行政机关任命的人员(以下统称有关责任人员),由监察机关或者任免机关按照管理权限,依法给予处分。

(2)国有企业及其工作人员有下列行为之一的,对有关责任人员,给予警告、记过或者记大过处分;情节较重的,给予降级、撤职或者留用察看处分;情节严重的,给予开除处分:

①未取得安全生产行政许可及相关证照或者不具备安全生产条件从事生产经营活动的;

②弄虚作假,骗取安全生产相关证照的;

③出借、出租、转让或者冒用安全生产相关证照的;

④未按照有关规定保证安全生产所必需的资金投入,导致产

生重大安全隐患的；

⑤新建、改建、扩建工程项目的安全设施，不与主体工程同时设计、同时施工、同时投入生产和使用，或者未按规定审批、验收，擅自组织施工和生产的；

⑥被依法责令停产停业整顿、吊销执照、关闭的生产经营单位，继续从事生产经营活动的。

(3)国有企业及其工作人员有下列行为之一，导致生产安全事故发生的，对有关责任人员，给予警告、记过或者记大过处分；情节较重的，给予降级、撤职或者留用察看处分；情节严重的，给予开除处分：

①对存在的重大安全隐患，未采取有效措施的；

②违章指挥，强令工人违章冒险作业的；

③未按规定进行安全生产教育和培训并经考核合格，允许从业人员上岗，致使违章作业的；

④制造、销售、使用国家明令淘汰或者不符合国家标准的设施、设备、器材或者产品的；

⑤超能力、超强度、超定员组织生产经营，拒不执行有关部门整改指令的；

⑥拒绝执法人员进行现场检查或者在被检查时隐瞒事故隐患，不如实反映情况的；

⑦有其他不履行或者不正确履行安全生产管理职责的。

(4)国有企业及其工作人员有下列行为之一的，对有关责任人员，给予记过或者记大过处分；情节较重的，给予降级、撤职或者留用察看处分；情节严重的，给予开除处分：

①对发生的生产安全事故瞒报、谎报或者拖延不报的；

②组织或者参与破坏事故现场、出具伪证或者隐匿、转移、篡改、毁灭有关证据，阻挠事故调查处理的；

③生产安全事故发生后，不及时组织抢救或者擅离职守的；

④生产安全事故发生后逃匿的,给予开除处分。

⑤国有企业负责人及其配偶、子女及其配偶违反规定在安全生产领域经商办企业的,对由国家行政机关任命的人员,给予警告、记过或者记大过处分;情节较重的,给予降级、撤职或者留用察看处分;情节严重的,给予开除处分。

第三章 企业安全管理基础

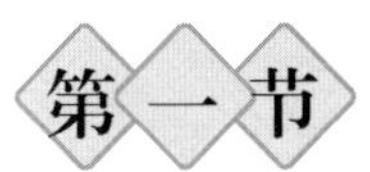

第一节 安全生产方针与目标管理

一、我国安全生产的基本方针

我国安全生产基本方针:安全第一、预防为主、综合治理,如图 3-1 所示。

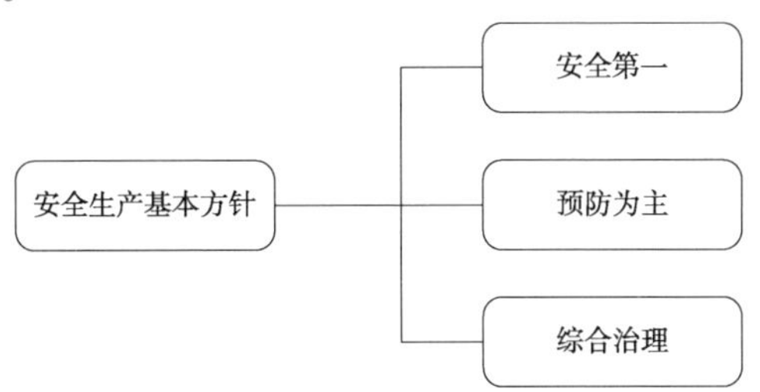

图 3-1 安全生产的基本方针

❶ 安全第一

“安全第一”是我国安全生产工作的核心理念,它要求我们在生产经营过程中应始终把安全放在第一位,实行“安全优先”原则,坚持以人为本,在确保安全的前提下,实现生产经营的其他目标。

❷ 预防为主

“预防为主”是指把预防安全生产事故的发生放在安全生产

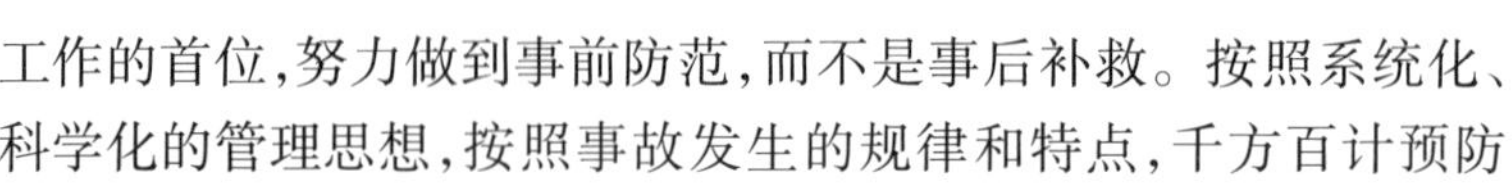

工作的首位，努力做到事前防范，而不是事后补救。按照系统化、科学化的管理思想，按照事故发生的规律和特点，千方百计预防事故，做到防患于未然，将事故消灭在萌芽状态。

❸ 综合治理

“综合治理”是安全生产管理工作的重要措施，是指运用科技、经济、法律、行政等手段，人管、法治、技防多管齐下，并充分发挥社会、职工、舆论的监管作用，做到标本兼治、重在治本，实现安全生产的齐抓共管。

二、道路交通安全工作基本原则

《国务院关于加强道路交通安全工作的意见》（国发〔2012〕30 号）提出了道路交通安全工作的四大基本原则：安全第一，协调发展；预防为主，综合治理；落实责任，强化考核；科技支撑、依法保障。如图 3-2 所示。

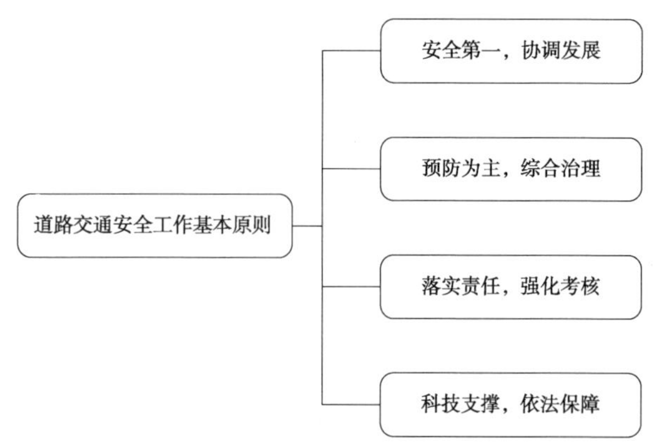

图 3-2　道路交通安全工作基本原则

❶ 安全第一,协调发展

“安全第一,协调发展”即正确处理安全与速度、质量、效益的关系,坚持把安全放在首位,加强统筹规划,使道路交通安全融入国民经济社会发展大局,与经济社会同步协调发展,地方各级人民政府要高度重视道路交通安全工作,将其纳入经济和社会发展规划,与经济建设和社会发展同部署、同落实、同考核,并加强对道路交通安全工作的统筹协调和监督指导。

❷ 预防为主,综合治理

“预防为主,综合治理”即严格驾驶人、车辆、运输企业准入和安全管理,加强道路交通安全设施建设,深化隐患排查治理,着力解决制约和影响道路交通安全的源头性、根本性问题,夯实道路交通安全基础。

❸ 落实责任,强化考核

“落实责任,强化考核”即全面落实企业主体责任、政府及部门监管责任和属地管理责任,健全目标考核和责任追究制度,加强督导检查和责任倒查,依法严格追究事故责任。

❹ 科技支撑,依法保障

“科技支撑,法治保障”即强化科技装备和信息化技术应用,建立健全法律法规和标准规范,加强执法队伍建设,依法严厉打击各类交通违法违规行为,不断提高道路交通科学管理和执法服务水平。推进高速公路全程监控等智能交通管理系统建设,强化科技装。

三、安全目标管理

企业的发展一般都设定目标,而企业发展所设定的目标其实

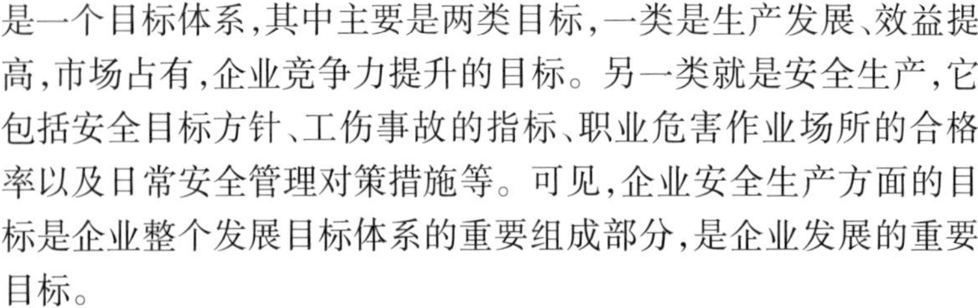

是一个目标体系，其中主要是两类目标，一类是生产发展、效益提高，市场占有，企业竞争力提升的目标。另一类就是安全生产，它包括安全目标方针、工伤事故的指标、职业危害作业场所的合格率以及日常安全管理对策措施等。可见，企业安全生产方面的目标是企业整个发展目标体系的重要组成部分，是企业发展的重要目标。

❶ 安全生产目标的分类

安全生产目标可分为：安全生产远景目标、安全生产中长期目标和安全生产年度目标。

❷ 安全生产目标的构成

（1）伤亡事故指标，包括：责任事故率、责任死亡率、责任受伤率、直接经济损失率等。

（2）管理职能指标，包括：隐患排查治理完成率、设备维护完好率、从业人员培训教育情况、安全投入情况等。

❸ 制定安全生产目标的原则

（1）贯彻国家安全生产法律法规、方针政策，坚持以人为本，安全发展的原则。

（2）不低于当地主管机关或有关上级、安全生产监管部门对安全生产控制指标的要求。

（3）紧密结合企业的性质、生产经营规模、发展规划，以及安全生产风险情况。

（4）紧密结合企业的安全生产管理状况。

❹ 安全生产目标的评价与考核

企业要定期对安全生产目标的完成情况进行评价和考核，从中发现管理运行中存在的缺陷和问题，做到持续改进、良性发展。

（1）评价内容。主要包括两个方面：一是对各层次目标执行情况进行评价,从中发现管理的薄弱环节核问题,加强基层和基础管理,二是对目标结果进行评价,分析目标制定的合理性和目标管理方法的优劣等。

(2)目标考核。目标考核按考核对象分为部门考核和个人考核,根据部门和个人应完成的目标项目,完成目标的数量、质量和时限来考核其目标完成情况。根据考核情况对部门和个人进行奖惩。

另外,目标考核按考核时间分为季度性考核和年度性考核等阶段性考核,通过不同时间段的考核来掌握安全目标的完成情况。

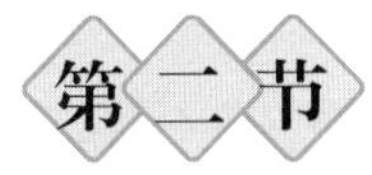

第二节 安全管理机构和人员

一、概念

《中华人民共和国安全生产法》第二十一条规定,矿山、金属冶炼、建筑施工、道路运输单位和危险物品的生产、经营、储存单位,应当设置安全生产管理机构或者配备专职安全生产管理人员。

安全管理机构是指企业内部设立的专业负责安全生产管理事务的独立部门,是安全生产、企业生产正常顺利进行的组织保障。

专职安全管理人员是指企业中专门负责安全生产管理,不再兼做其他工作的人员。矿山、金属冶炼、建筑施工、道路运输单位和危险物品的生产、经营、储存单位是危险性比较大的单位,因此,必须成立专门从事安全生产管理工作的机构,或者配备专职的人员从事安全生产管理工作。

二、安全管理机构的作用

安全生产管理机构的作用是落实国家有关安全生产的法律法规,组织生产经营单位内部进行各种安全检查活动,负责日常安全检查,及时整改各种事故隐患,监督安全生产责任制的落实等。它是生产经营单位安全生产的重要组织保证。

三、安全管理机构的设置和安全管理人员的配备

❶ 安全管理机构的设置

道路运输企业应建立完善的从上到下的安全管理机构。一般中小企业设立三级管理机构,有分公司的大型企业设立四级管理机构,机构设置分别如图 3-3、图 3-4 所示。

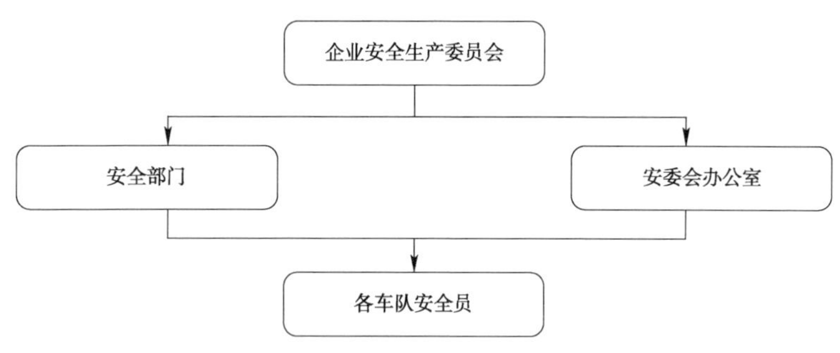

图 3-3　三级安全管理机构结构图

❷ 安全管理人员的配备

企业及分支机构应当依法设置安全生产领导机构和管理机构,配备与本单位安全生产工作相适应的专职安全管理人员。

安全管理人员要想出色完成自己职责范围内的安全管理工

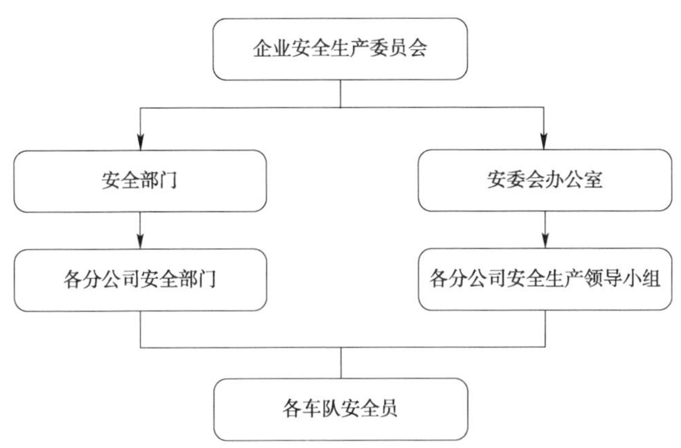

图 3-4　四级安全管理机构结构图

作,就必须具备相应的思想和业务素质。思想素质主要体现在职业道德方面,业务素质主要体现在专业知识、资历和能力方面。

1)安全管理人员的职业道德要求

(1)应有较高的思想觉悟和正常水平。

(2)遵守法律法规和规章制度要求。

(3)忠于职守、勇于负责、处理果断、办事认真。

(4)坚持原则、廉洁奉公、具有高度的事业心和责任感。

2)安全管理人员具备的专业知识

安全管理人员应具备一定的专业知识和其他相关知识技能。

(1)专业知识应该包括日常安全管理知识、车辆技术管理、运输工程等方面的基础知识。

(2)安全管理人员应熟悉各项安全生产法律、法规、规章、标准等要求,并按照法律法规要求运用到实际安全管理中,不断提高安全管理水平。

(3)安全管理人员还应熟悉人员救护、车辆消防、车辆保险、气象分析等其他方面的相关知识。

3)安全管理人员应具备的资历

安全管理人员应具有在运输企业基层3年以上的工作经历，熟悉基层的安全管理和车辆技术管理等工作。从学历上讲，原则上应具有大专以上学历，不低于或相当于高中学历的，经过培训，考核合格后方可上岗。

4）安全管理人员应具备的能力

安全管理人员应具备运用科学知识和实际经验，因时因地、联系实际、果断有效地解决具体问题和做出相应决策的能力，具体体现在以下几个方面：

（1）正确分析、判断和处理安全管理中多种问题的能力。

（2）对意外和突发事故及时果断采取相应对策和应变协调能力。

（3）较强的口头和文字表达能力。

（4）较强的内外事务沟通能力。

（5）较强的组织领导能力。

❸ 安全生产管理机构职责

1）安全生产委员会职责

（1）研究制定安全生产工作计划和目标的方案，部署、督促相关部门按要求组织制定，并对具体的计划和目标进行审议、确定。

（2）组织制定安全生产资金投入计划和安全技术措施计划，部署并督促相关部门落实。

（3）组织制定或者修订安全生产制度、安全操作规程，并对执行情况进行监督检查。

（4）检查本公司生产、作业的安全条件，生产安全事故隐患的排查及整改效果。

（5）按规定监督、检查劳动防护用品的采购、发放、使用和管理工作。

(6)研究、部署职业病防治措施。

(7)制定安全生产宣传教育培训计划,督促相关部门组织落实。组织相关部门总结推广安全生产先进经验。

(8)配合生产安全事故的调查和处理。

(9)每季度至少召开一次安全生产专题会议,协调解决安全生产问题,做好会议纪要,妥善保存。

(10)每次会议要跟踪上次会议工作要求的落实情况,并制定新的工作要求。

(11)负责部署、指导、监督、检查安全管理部门的工作。

(12)研究、制定、安全生产大检查、专业检查和季节性检查工作方案,组织、部署相关部门实施。发现的安全隐患要及时制定措施,督促相关部门予以处理和解决。

(13)对重大事故及重大未遂事故组织调查与分析。按照"四不放过"原则从生产、技术、设备、管理等方面查找事故发生的原因、责任,并制定措施,对责任者做出处理决定。

2)安全管理部门职责

(1)组织制定安全生产年度目标和实施计划,并按企业各部门的职能,进行目标分解、培训、考核,监测、评估、修订。

(2)组织制定安全生产资金投入计划和安全技术措施计划,并督促相关部门落实。

(3)组织制定或者修订安全生产制度、安全操作规程,并对执行情况进行监督检查。

(4)检查公司生产、作业的安全条件,生产安全事故隐患的排查及整改效果;制止和查处违章指挥、违章作业行为。

(5)配合政府有关部门对生产建设项目安全设施"三同时"和职业病防护设施的审查验收工作。

(6)指导和督促承包、承租单位、协作单位履行安全生产职责,审核承包、承租、协作单位资质、证照和资料。

(7)按规定监督劳动防护用品的采购、发放、使用和管理工作,并监督、检查和教育从业人员正确佩戴和使用。

(8)组织有关部门研究职业病防治措施。

(9)组织实施安全生产宣传教育培训,总结推广安全生产先进经验。

(10)配合生产安全事故的调查和处理,履行事故的统计、分析和报告职责,协助有关部门制定事故预防措施并监督执行。

(11)编制和审议年度安全计划措施计划,对措施需要的设备、材料、资金及实施日期,制定计划并付诸实施。

(12)组织安全生产大检查、专业检查和季节性检查,发现的安全隐患要及时采取措施,予以处理和解决。

(13)建立日常安全检查制度,对各部门的安全工作要经常进行巡视检查监督,宣传先进,教育后进。

(14)对重大事故及重大未遂事故组织调查与分析。按照"四不放过"原则从生产、技术、设备、管理等方面查找事故发生的原因、责任,并制定措施,对责任者给予处理。

(15)至少每月召开一次安全工作例会,主要内容包括落实安全生产领导小组的会议决议,总结上一阶段的安全生产工作、安全生产目标、安全生产指标的完成情况,传达上级机构对安全生产的指令、文件精神及公司安全生产相关措施,总结安全生产存在的问题,公司对安全生产工作进行部署、对从业人员进行安全教育等。

(16)按照公司安全生产的要求,负责向各部门、各基层单位的专兼职安全员,布置、检查、指导、汇总安全生产工作。

(17)负责辨识、获取有关安全生产的法律法规、标准规程。

(18)做好安全基础工作,建立驾驶员档案,做好各项安全工作记录。

(19)发生安全事故立即报告并开展救援工作。

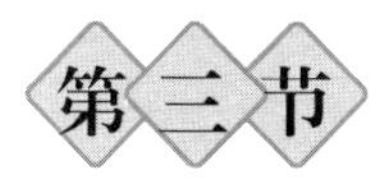

第三节　安全管理规章制度

一、安全生产规章制度建设的依据、原则和必要性

❶ 建立安全生产规章制度必要性

1）建立健全安全生产规章制度是生产经营单位的法定责任

生产经营单位是安全生产的责任主体，《中华人民共和国安全生产法》第四条规定："生产经营单位必须遵守本法和其他有关安全生产的法律、法规，加强安全生产管理，建立、健全安全生产责任制度，完善安全生产条件，确保安全生产"；《中华人民共和国劳动法》第五十二条规定"用人单位必须建立、健全劳动安全卫生制度，严格执行国家劳动安全卫生规程和标准，对劳动者进行劳动安全卫生教育，防止劳动过程中的事故，减少职业危害"；《中华人民共和国突发事件应对法》第二十二条规定："所有单位应当建立健全安全管理制度，定期检查本单位各项安全防范措施的落实情况，及时消除事故隐患。

2）建立健全安全生产规章制度是生产经营单位安全生产的重要保障

安全风险来自于生产、经营过程之中，只要生产、经营活动在进行，安全风险就客观存在。客观上需要企业对生产过程、机械设备、人员操作进行系统分析、评价，制定出一系列的操作规程和安全控制措施，以保障生产经营单位生产、经营工作合法、有序、安全地运行，将安全风险降到最低。在长期的生产经营活动过程中积累的大量风险辨识、评价、控制技术，以及生产安全事故教训的积累，是探索和驾驭安全生产客观规律的重要基础，只有形成生产经营单位的规章制度才能够得到不断积累,有效继承和发扬。

3)建立健全安全生产规章制度是生产经营单位保护从业人员安全与健康的重要手段

国家有关保护从业人员安全与健康的法律法规、国家和行业标准在一个生产经营单位的具体实施,只有通过企业的安全生产规章制度体现出来。才能使从业人员明确自己的权利和义务。同时,也为从业人员遵章守纪提供标准和依据。建立健全安全生产规章制度可以防止生产经营单位管理的随意性,有效地保障从业人员的合法权益。

❷ 安全生产规章制度建设的依据

1)以安全生产法律法规、国家和行业标准、地方政府的法规和标准为依据

生产经营单位安全生产规章制度首先必须符合国家法律法规、国家和行业标准的要求,以及生产经营单位所在地地方政府的相关法规、标准的要求。生产经营单位安全生产规章制度是一系列法律法规在生产经营单位生产、经营过程具体贯彻落实的体现。

2)安全生产规章制度的建设核心是危险有害因素的辨识和控制

通过对危险有害因素的辨识,才能提高规章制度建设的目的性和针对性,保障安全生产。同时,生产经营单位要积极借鉴相关事故教训,及时修订和完善规章制度,防范类似事故的重复发生。

3)以国际、国内先进的安全管理方法为依据

随着安全科学、技术的迅猛发展,安全生产风险防范的方法和手段不断完善。尤其是安全系统工程理论研究的不断深化,安

全管理的方法和手段也日益丰富，如职业安全健康管理体系、风险评估和安全评价体系的建立，也为生产经营单位安全生产规章制度的建设提供了重要依据。

❸ 安全生产规章制度建设的原则

1）坚持“安全第一，预防为主，综合治理”的原则

“安全第一，预防为主，综合治理”是我国的安全生产方针，是我国经济社会发展现阶段安全生产客观规律的具体要求。安全第一，就是要求必须把安全生产放在各项工作的首位，正确处理好安全生产与工程进度、经济效益的关系；预防为主，就是要求生产经营单位的安全生产管理工作，要以危险有害因素的辨识、评价和控制为基础，建立安全生产规章制度。通过制度的实施达到规范人员行为，消除物的不安全状态，实现安全生产的目标；综合治理，就是要求在管理上综合采取组织措施、技术措施，落实生产经营单位的各级主要负责人、专业技术人员、管理人员、从业人员等各级人员，以及党政工团有关管理部门的责任，各负其责，齐抓共管。

2）主要负责人负责的原则

我国安全生产法律法规对生产经营单位安全生产规章制度建设有明确的规定，如《中华人民共和国安全生产法》规定：“建立、健全本单位安全生产责任制，组织制定本单位安全生产规章制度和操作规程，是生产经营单位的主要负责人的职责。”安全生产规章制度的建设和实施，涉及生产经营单位的各个环节和全体人员，只有主要负责人负责，才能有效调动和使用生产经营单位的所有资源，才能协调好各方面的关系，规章制度的落实才能够得到保证。

3）系统性原则

安全风险来自于生产、经营活动过程之中。因此，生产经营

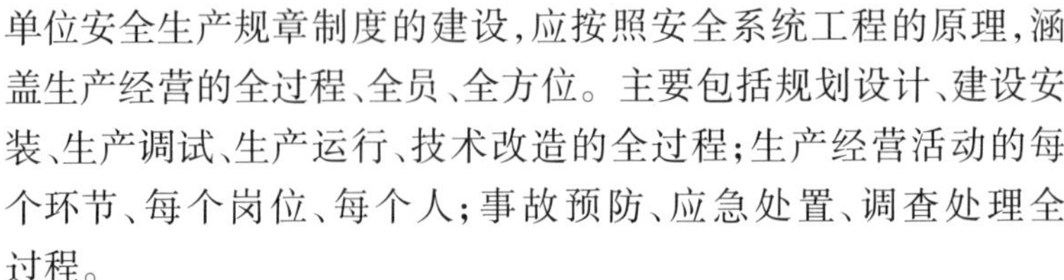

单位安全生产规章制度的建设，应按照安全系统工程的原理，涵盖生产经营的全过程、全员、全方位。主要包括规划设计、建设安装、生产调试、生产运行、技术改造的全过程；生产经营活动的每个环节、每个岗位、每个人；事故预防、应急处置、调查处理全过程。

4）规范化和标准化原则

生产经营单位安全生产规章制度的建设应实现规范化和标准化管理，以确保安全生产规章制度建设的严密、完整、有序。即按照系统性原则的要求，建立完整的安全生产规章制度体系；建立安全生产规章制度起草、审核、发布、教育培训、执行、反馈、持续改进的组织管理程序；每一个安全生产规章制度编制，都要做到目的明确，流程清晰，标准准确，具有可操作性。

二、安全生产规章制度体系

按照安全系统工程和人机工程原理建立的安全生产规章制度体系，一般分为四类，包括综合安全管理制度、人员安全管理制度、设备设施安全管理制度以及环境安全管理制度，如图 3-5 所示。

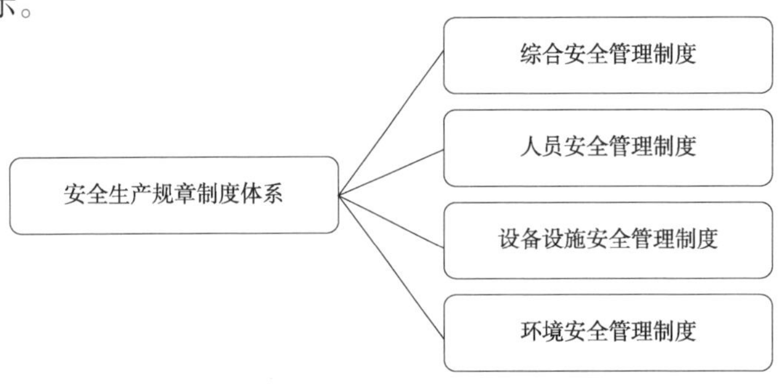

图 3-5　规章制度体系图

❶ 综合安全管理制度

1）安全生产管理制度

应包括：生产经营单位安全生产的具体目标、指标，明确安全生产的管理原则、责任，明确安全生产管理的体制、机制、组织机构、安全生产风险防范和控制的主要措施，日常安全生产管理的重点工作等内容。

2）安全生产责任制

应明确生产经营单位各级领导、各职能部门、管理人员及各生产岗位的安全生产责任、权利和义务等内容。

安全生产责任制属于安全生产规章制度范畴，安全生产责任制的核心是明晰安全管理的责任界面，解决“谁来管，管什么，怎么管，承担什么责任”的问题，安全生产责任制是生产经营单位安全生产规章制度建立的基础。

建立安全生产责任制，一是增强生产经营单位各级主要负责人、各管理部门管理人员及各岗位对安全生产的责任感；二是明确责任，充分调动各级人员和各管理部门安全生产的积极性和主观能动性，加强自主管理，落实责任；三是责任追究的依据。

建立安全生产责任制，应体现安全生产法律法规和政策、方针的要求；应与安全生产经营单位安全生产管理体制、机制协调一致；应做到与岗位工作性质、管理职责协调一致，做到明确、具体、具有可操作性；应有明确的监督、检查标准或指标，确保责任制切实落实到位；应根据生产经营单位管理体制变化及安全生产新的法规、政策及安全生产形势的变化及时修订完善。

3）安全会议制度

企业应定期召开安全工作会议，总结安全管理工作中的问题，提出安全工作计划，定期组织安全学习活动。

4）安全费用管理制度

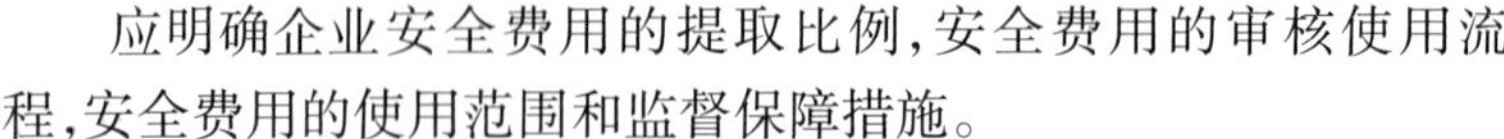

应明确企业安全费用的提取比例,安全费用的审核使用流程,安全费用的使用范围和监督保障措施。

5)安全检查制度

应明确检查对象、检查方式、检查频率、检查人员、检查结果处置等相关内容。

6)档案管理制度

应明确企业管理制度、文件等资料档案的管理要求,管理流程等,对企业的安全管理信息实施档案化管理,包括车辆档案和人员档案等。

7)相关方安全管理

企业应与相关方签订安全管理协议,明确双方安全管理职责,审查相关方的相关资质条件,定期开展相关方安全检查并组织制定相关安全技术措施。

8)行车安全管理制度

应明确车辆营运过程中的注意事项和管理要求,无违规违章运营,杜绝违章驾驶,保障安全运用的相关措施和处罚规定。

9)危险源管理制度

应明确危险源的辨识、评估、控制的相关要求,按规定定期开展危险源的辨识和风险评估,制定相应的控制措施并有效实施,建立危险源清单和档案。

10)隐患排查与治理制度

应明确应排查的对象、排查周期、隐患的分析和治理措施,隐患的统计和跟踪管理等。

11)事故报告和调查处理制度

应明确事故报告程序、要求、现场应急处置、现场保护,严格按照四不放过对事故情况进行处理等。

12)应急救援管理制度

应明确企业应急管理的部门,应急预案的编制、审核、发布、培训、演练实施和修订等。应急预案分为综合预案、专项预案和现场处置方案。

应急预案编制完成以后，应报当地安全监督管理部门和主管机关进行备案，与相关主管部门的预案进行衔接，一旦发生突发事件，能够立即启动预案，实施应急救援，最大限度减小事故损失。

综合安全管理制度体系，如图 3-6 所示。

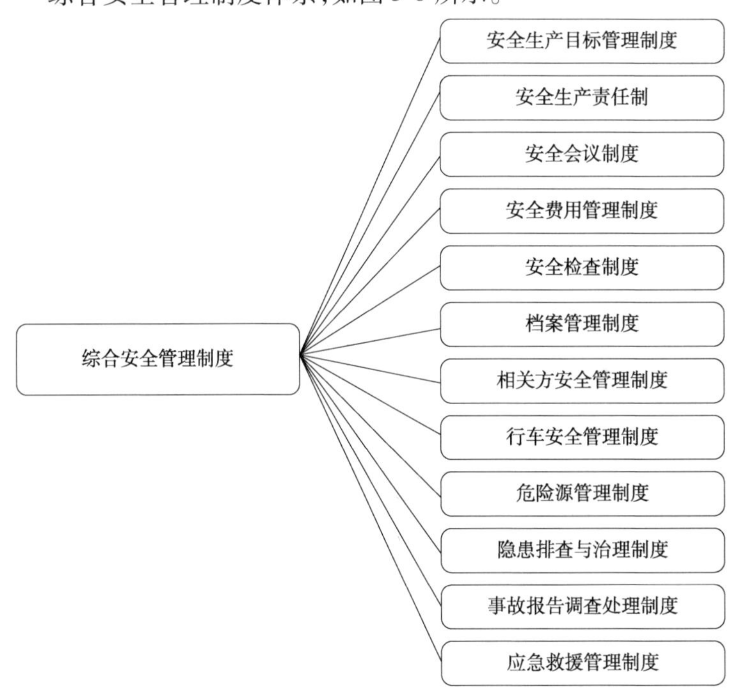

图 3-6　综合安全管理制度体系

❷ 人员安全管理制度

1) 安全教育培训制度

应明确企业各级管理人员安全管理知识培训，新员工三级教

育培训，转岗和复岗培训，新材料、新工艺、新设备投入使用的培训，特种作业人员培训，从业人员继续教育培训等培训要求，还应明确各项培训的对象、内容、时间及考核要求等。企业应建立培训教育档案。

2）劳动防护用品发放使用和管理制度

应明确企业劳动防护用品的种类、适用范围、领取程序、使用前检查和更换周期等内容。

3）作业现场安全管理制度

应明确作业现场岗位作业人员的安全措施要求，特种作业和危险性较大的作业应明确作业程序，实施安全许可作业，保障安全的组织措施、技术措施的制定及执行等内容。

4）安全考核与奖惩制度

应明确考核对象、考核方法、考核周期、考核结果的通报以及奖惩措施等。

5）驾驶员安全告诫制度

应明确驾驶员在驾驶过程中应注意的问题和不安全因素，对驾驶过程中可能存在的危险因素向驾驶员进行告诫，确保安全驾驶。

人员安全管理制度如图 3-7 所示。

❸ 设备设施安全管理制度

1）车辆安全管理制度

应明确车辆的检查和维护的周期、车辆维修、车辆的一二级维护等内容和要求，应设置车辆的技术管理机构或专职技术管理人员对车辆实施技术管理。

2）车辆例检管理制度

应明确车辆例检管理程序，车辆例检的主要内容，车辆出车前、行车中、收车后的安全检查要求。

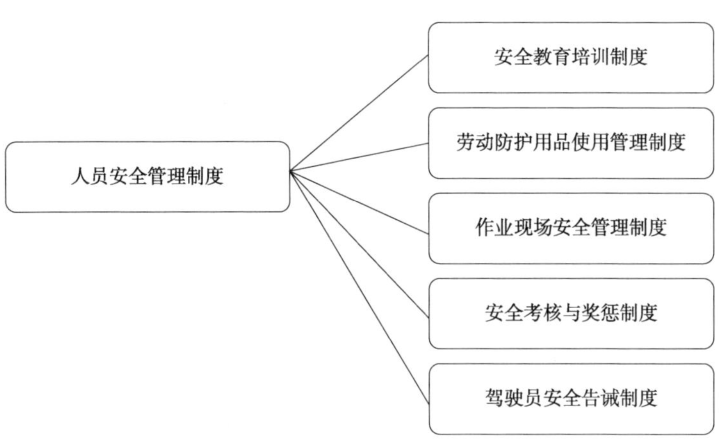

图 3-7　人员安全管理制度体系图

3）安全设施管理制度

应明确安全设施的种类、名称、用途、数量以及定期检查检测要求。

4）动态监控装置安装使用管理制度

应明确车辆动态监控装置的安装、使用、实时监控、驾驶员违规提醒、违规信息登记处理、定期检查维护等要求等。

设备设施安全管理制度，如图 3-8 所示。

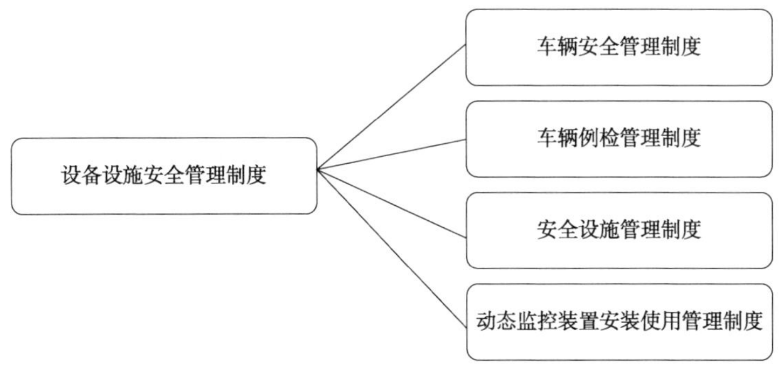

图 3-8　设备设施安全管理制度体系图

❹ 环境安全管理制度

1）安全警示标志管理制度

应明确安全警示标志的种类、名称、数量、地点和位置，安全警示标志的定期检查、维护等。

2）职业健康管理制度

应明确作业现场存在的职业危害因素的种类、场所，职业危害岗位从业人员的定期职业健康检查，职业危害防护设施、设备的设置和发放等。

环境安全管理制度，如图3-9所示。

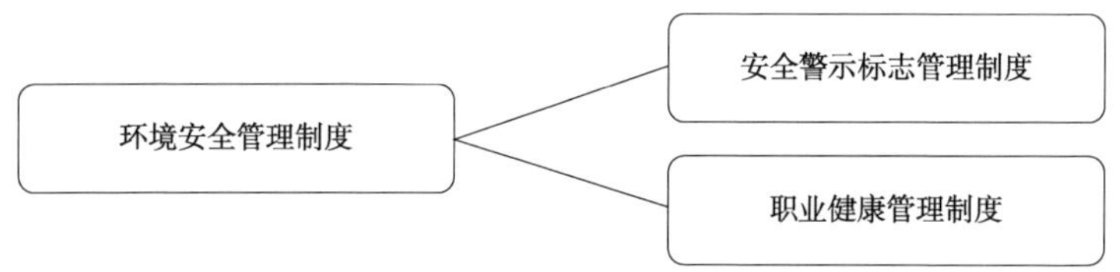

图3-9 环境安全管理制度体系图

三、安全生产规章制度的管理

❶ 起草

根据企业安全生产责任制，由负责安全生产管理部门或相关职能部门负责起草。起草前应对目的、适用范围、主管部门、解释部门和实施日期等予以明确。同时，还应做好相关资料的准备和收集工作。规章制度的编制应做到条理清楚、结构严谨、用词准确、文字简明、标点符号正确。

❷ 征求意见

起草的规章制度应通过正式渠道获得相关职能部门或员工的意见和建议，以利于规章制度的颁布和贯彻落实。当意见不一致时，应由分管领导组织讨论，统一认识，达成一致。

❸ 审核

制度签发前，应进行审核。一是由生产经营单位负责法律事务的部门进行合规性审查，二是专业技术性较强的规章制度应邀请相关专家进行审核；三是安全奖惩等涉及全员性的制度，应经过职工代表大会或职工代表进行审核。

❹ 签发

技术规程、安全操作规程等技术性较强的安全生产规章制度，一般由生产经营单位主管生产的领导或总工程师签发，涉及全局性的综合管理制度应由生产经营单位的主要负责人签发。

❺ 发布

安全生产规章制度应采用固定的方式进行发布，如红头文件形式、内部办公网络等。发布的范围应涵盖应执行的部门、人员。特殊的制度还应正式送达相关人员，并由接收人员签字。

❻ 培训

新发布的安全生产管理制度、修订的安全生产规章制度，应组织进行培训，并进行考核。

❼ 反馈

应定期检查安全生产规章制度执行中存在的问题，或建立信息反馈渠道，及时掌握安全生产规章制度的执行效果。

❽ 持续改进

企业应每年制定规章制度的制定、修订计划，并应公布现行有效的安全生产规章制度清单。对安全操作规程类规章制度，除每年进行审查和修订外，每 3 ~ 5 年应进行一次全面修订，并重新发布，确保规章制度的建设和管理有序进行。

安全生产制度管理流程，如图 3-10 所示。

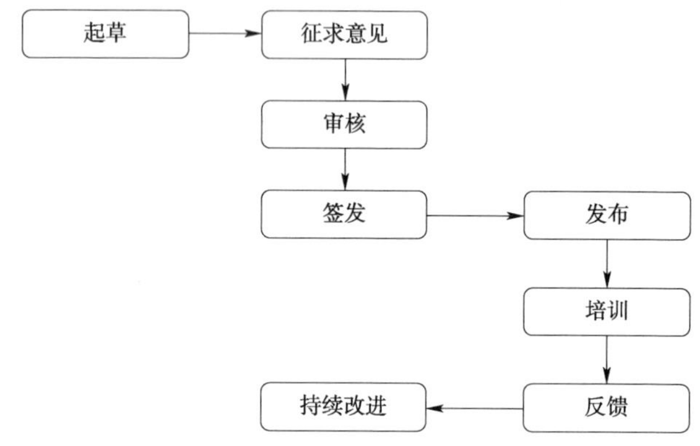

图 3-10　安全生产制度管理流程图

第四节　安全投入

《中华人民共和国安全生产法》第二十条规定，生产经营单位应当具备的安全生产条件所必需的资金投入，由生产经营单位的决策机构、主要负责人或者个人经营的投资人予以保证，并对由于安全生产所必需的资金投入不足导致的后果承担责任。有关生产经营单位应当按照规定提取和使用安全生产费用，专门用于改善安全生产条件。安全生产费用在成本中据实列支。

安全生产费用提取、使用和监督管理依据《企业安全生产费用提取和使用管理办法》（财企〔2012〕16 号）执行。

一、安全生产费用的提取

交通运输企业以上年度实际营业收入为计提依据，按照以下标准平均逐月提取：

(1)普通货运业务按照1%提取;

(2)客运业务、管道运输、危险品等特殊货运业务按照1.5%提取。

企业在上述标准的基础上,根据安全生产实际需要,可适当提高安全费用提取标准。

新建企业和投产不足一年的企业以当年实际营业收入为提取依据,按月计提安全费用。

二、安全费用使用范围

交通运输企业安全费用应当按照以下范围使用:

(1)完善、改造和维护安全防护设施设备支出(不含“三同时”要求初期投入的安全设施),包括道路、水路、铁路、管道运输设施设备和装卸工具安全状况检测及维护系统、运输设施设备和装卸工具附属安全设备等支出。

(2)购置、安装和使用具有行驶记录功能的车辆卫星定位装置、船舶通信导航定位和自动识别系统、电子海图等支出。

(3)配备、维护、保养应急救援器材、设备支出和应急演练支出。

(4)开展重大危险源和事故隐患评估、监控和整改支出。

(5)安全生产检查、评价(不包括新建、改建、扩建项目安全评价)、咨询和标准化建设支出。

(6)配备和更新现场作业人员安全防护用品支出。

(7)安全生产宣传、教育、培训支出。

(8)安全生产适用的新技术、新标准、新工艺、新装备的推广应用支出。

(9)安全设施及特种设备检测检验支出。

(10)其他与安全生产直接相关的支出。

三、安全费用的管理

企业提取的安全费用应当专户核算,按规定范围安排使用,不得挤占、挪用。年度结余资金结转下年度使用,当年计提安全费用不足的,超出部分按正常成本费用渠道列支。

企业应当建立健全内部安全费用管理制度,明确安全费用提取和使用的程序、职责及权限,按规定提取和使用安全费用。

企业应当加强安全费用管理,编制年度安全费用提取和使用计划,纳入企业财务预算。企业年度安全费用使用计划和上一年安全费用的提取、使用情况按照管理权限报同级财政部门及行业主管部门备案。

企业提取的安全费用属于企业自提自用资金,其他单位和部门不得采取收取、代管等形式对其进行集中管理和使用,国家法律、法规另有规定的除外。

四、安全资金使用监督和保障

企业应当严格遵守安全费用管理制度,明确安全费用使用、管理的程序、职责及权限;企业安全生产费用的提取使用要接受安全生产监督管理部门和财政、审计部门的监督。年度终了,企业要在年度财务会报告中说明安全生产费用提取和使用的具体情况。

企业安全费用的投入,由企业的决策机构、主要负责人予以保证,并对由于安全生产所需要的资金投入不足导致的后果承担责任。

企业的决策机构、主要负责人不依照规定保证安全生产所需的资金投入,致使企业不具备安全生产条件的,责令限期改正,提供必需的资金;逾期未改正的,责令运输企业停产停业整顿。有以上违法行,导致发生安全生产事故,构成犯罪的,依法追究刑事责任;尚不够刑事处罚的,对运输企业的主要负责人给予撤职处分。

五、安全投入不足的法律责任

进行必要的安全生产资金投入,是企业的法定义务。企业的决策机构、主要负责人或者个人经营的投资人未按规定保证安全生产所必需的资金投入,致使生产经营单位不具备安全生产条件的,责令限期改正,提供必需的资金,逾期未改正的,责令生产经营单位停产停业整顿。由于安全经费投入不足导致发生生产安全事故的,对企业的主要负责人给予撤职处分,对个人经营的投资人处二万元以上二十万元以下的罚款,构成犯罪的,依照刑法有关规定追究刑事责任。

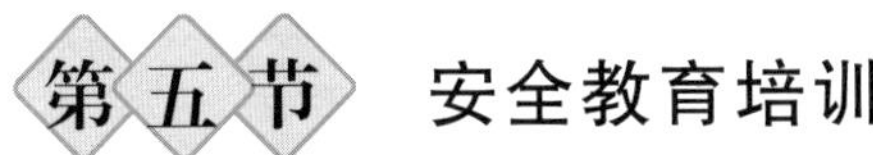

第五节　安全教育培训

安全教育工作是贯彻国家安全方针、政策和执行企业规章制度,实现安全生产和文明生产,提高员工安全意识和安全素质,防止产生不安行为,减少人为失误的重要途径。进行安全生产教育,首先要提高经营单位管理者及员工安全生产的责任感和自觉性,认真学习有关安全生产的法律、法规和安全生产基础知识;其次是普及和提高员工的安全技术知识,增强安全操作技能,从而保护自己和他人的安全与健康。

一、主要负责人和安全管理人员安全教育培训

道路运输单位的主要负责人和安全生产管理人员必须具备

与本单位所从事的生产经营活动相应的安全生产知识和管理能力。

道路运输单位的主要负责人和安全生产管理人员，应当由主管的负有安全生产监督管理职责的部门对其安全生产知识和管理能力考核合格。取得安全资格证书后方可任职。

1）主要负责人培训内容

（1）国家安全生产方针、政策和有关安全生产的法律、法规、规章及标准。

（2）安全生产管理基本知识、安全生产技术、安全生产专业知识。

（3）重大危险源管理、重大事故防范、应急管理和救援组织以及事故调查处理的有关规定。

（4）职业危害及其预防措施。

（5）国内外先进的安全生产管理经验。

（6）典型事故和应急救援案例分析。

（7）其他需要培训的内容。

2）安全管理人员安全培训内容（图 3-11）

图 3-11　安全管理人员安全培训

（1）国家安全生产方针、政策和有关安全生产的法律、法规、规章及标准。

(2)安全生产管理、安全生产技术、职业卫生等知识。

(3)伤亡事故统计、报告及职业危害的调查处理方法。

(4)应急管理、应急预案编制以及应急处置的内容和要求。

(5)国内外先进的安全生产管理经验。

(6)典型事故和应急救援案例分析。

(7)其他需要培训的内容。

3)培训学时

主要负责人和安全生产管理人员初次安全培训时间不得少于32学时。每年参加脱产再培训时间不得少于24学时。

二、从业人员培训

❶ 企业对从业人员开展培训的要求

(1)应当按照安全生产法和有关法律、行政法规和本规定，建立健全安全培训工作制度，负责本单位从业人员安全培训工作。

(2)应当对从业人员进行安全生产教育和培训，保证从业人员具备必要的安全生产知识，熟悉有关的安全生产规章制度和安全操作规程，掌握本岗位的安全操作技能，了解事故应急处理措施，知悉自身在安全生产方面的权利和义务。未经安全生产教育和培训合格的从业人员，不得上岗作业。

(3)使用被派遣劳动者的，应当将被派遣劳动者纳入本单位从业人员统一管理，对被派遣劳动者进行岗位安全操作规程和安全操作技能的教育和培训。劳务派遣单位应当对被派遣劳动者进行必要的安全生产教育和培训。

(4)接收中等职业学校、高等学校学生实习的，应当对实习学生进行相应的安全生产教育和培训，提供必要的劳动防护用品。

学校应当协助生产经营单位对实习学生进行安全生产教育和培训。

(5)应当建立安全生产教育和培训档案,如实记录安全生产教育和培训的时间、内容、参加人员以及考核结果等情况。

❷ 安全生产教育培训的类型和形式

1)培训类型

安全生产教育的类型有:岗前安全教育培训、经常性的安全教育等、转岗或复岗安全教育培训、“四新”安全教育培训以及特种作业人员安全教育训练等。

2)培训形式

在实际应用中,根据培训内容和培训对象的不同,灵活选择安全生产教育培训的形式和方法。

安全培训教育的形式有:安全知识专项培训,举办安全生产日、安全生产月、各类安全生产业务培训班,召开安全生产会议、事故现场分析会,张贴安全生产宣传画、宣传标语及标志,开展安全知识竞赛、安全考试、安全演讲等。

安全教育可采取课堂讲授法、实际操作演练法、案例研讨法、网络在线培训教育、读书指导法、宣传娱乐法等方法。

❸ 从业人员培训内容和要求

1)岗前安全教育培训

(1)学时要求。

生产经营单位新上岗的从业人员,岗前培训时间不得少于24学时。

(2)公司级岗前安全培训内容应当包括:

①本单位安全生产情况及安全生产基本知识。

②本单位安全生产规章制度和劳动纪律。

③从业人员安全生产权利和义务。

④有关事故案例等。

(3)部门级岗前安全培训内容应当包括：

①工作环境及危险因素。

②所从事工种可能遭受的职业伤害和伤亡事故。

③所从事工种的安全职责、操作技能及强制性标准。

④自救互救、急救方法、疏散和现场紧急情况的处理。

⑤安全设备设施、个人防护用品的使用和维护。

⑥本车间(工段、区、队)安全生产状况及规章制度。

⑦预防事故和职业危害的措施及应注意的安全事项。

⑧有关事故案例。

⑨其他需要培训的内容。

(4)班组级岗前安全培训。

班组级岗前安全培训内容应当包括：

①岗位安全操作规程。

②岗位之间工作衔接配合的安全与职业卫生事项。

③有关事故案例。

④其他需要培训的内容。

2)经常性安全教育培训

企业应对从业人员进行安全生产教育培训，培训内容主要包括：安全生产法律法规、本单位安全生产管理制度和操作规程、作业场所和工作岗位存在的危险因素、防范措施及事故应急措施、事故应急救援、事故处理与事故案例分析等。

从业人员应主动接受安全培训，熟悉有关安全生产法律法规、安全生产规章制度和安全操作规程，具备必要的安全生产知识，掌握本岗位的安全操作技能，增强预防事故、控制危害因素和应急处理的能力。未经安全生产培训合格的从业人员，不得上岗作业。

经常性培训见图3-12。

图 3-12　经常性培训

3)转岗或复岗安全教育培训

从业人员在本生产经营单位内调整工作岗位或离岗一年以上重新上岗时,应当重新接受部门或班组级的安全培训教育,见图 3-13。

图 3-13　复岗培训

4)"四新"教育培训

企业实施新工艺、新技术或者使用新设备、新材料时,应当对有关从业人员重新进行有针对性的安全培训,见图 3-14。

5)特种作业人员培训

特种作业人员必须按照国家有关规定经专门的安全作业培训,取得特种作业操作证后,方可上岗作业,见图 3-15。

图 3-14 新设备安全生产教育培训

中华人民共和国

特种作业操作证

复审记录 第一次复审______

第二次复审______

国家安全生产监督管理总局监制

图 3-15 特种作业操作证

特种作业操作证有效期为 6 年,在全国范围内有效。特种作业操作证每三年复审一次。特种作业操作证申请复审或者延期复审前,特种作业人员应当参加必要的安全培训并考试合格。安全培训时间不少于 8 学时。

第六节 车辆管理

一、车辆技术管理

道路运输企业是道路运输车辆技术管理的责任主体,负责对道路运输车辆实行择优选配、正确使用、周期维护、视情修理、定期检测和适时更新，保证投入道路运输经营的车辆符合技术要求。

道路运输企业车辆技术管理工作包括以下方面：

(1)应当遵守有关法律法规、标准和规范，认真履行车辆技术管理的主体责任，建立健全管理制度，加强车辆技术管理。

(2)应当加强车辆维护、使用、安全和节能等方面的业务培训，提升从业人员的业务素质和技能，确保车辆处于良好的技术状况。

(3)应当根据有关道路运输企业车辆技术管理标准，结合车辆技术状况和运行条件，正确使用车辆。

(4)禁止使用报废、擅自改装、拼装、检测不合格以及其他不符合国家规定的车辆从事道路运输经营活动。

(5)应当建立车辆技术档案制度，实行一车一档。档案内容应当主要包括：车辆基本信息、车辆技术等级评定、客车类型等级评定或者年度类型等级评定复核、车辆维护和修理(含《机动车维修竣工出厂合格证》)、车辆主要零部件更换、车辆变更、行驶里程、对车辆造成损伤的交通事故等记录。档案内容应当准确、翔实。

(6)车辆所有权转移、转籍时，车辆技术档案应当随车移交。

(7)道路运输经营者应当运用信息化技术做好道路运输车辆技术档案管理工作。

(8)鼓励企业设置相应的部门负责车辆技术管理工作，并根据车辆数量和经营类别配备车辆技术管理人员，对车辆实施有效的技术管理。

(9)鼓励企业依据相关标准要求，制定车辆使用技术管理规范，科学设置车辆经济、技术定额指标并定期考核，提升车辆技术管理水平。

二、车辆技术要求

从事道路运输经营的车辆应当符合下列技术要求：

(1)车辆的外廓尺寸、轴荷和最大允许总质量应当符合《道路车辆外廓尺寸、轴荷及质量限值》(GB 1589)的要求；

(2)车辆的技术性能应当符合《道路运输车辆综合性能要求和检验方法》(GB 18565)的要求；

(3)车型的燃料消耗量限值应当符合《营运货车燃料消耗量限值及测量方法》(JT 719)的要求；

(4)车辆技术等级应当达到二级以上。

三、车辆的维护与维修

车辆维护与维修相关要求如下：

(1)企业应当建立车辆维护制度。

(2)车辆维护分为日常维护、一级维护和二级维护。日常维护由驾驶员实施，一级维护和二级维护由道路运输经营者组织实施，并做好记录。

(3)企业应当依据国家有关标准和车辆维修手册、使用说明书等，结合车辆类别、车辆运行状况、行驶里程、道路条件、使用年限等因素，自行确定车辆维护周期，确保车辆正常维护。

(4)车辆维护作业项目应当按照国家关于汽车维护的技术规范要求确定。

(5)企业可以对自有车辆进行二级维护作业，保证投入运营的车辆符合技术管理要求，无须进行二级维护竣工质量检验。

(6)企业不具备二级维护作业能力的，可以委托二类以上机动车维修经营者进行二级维护作业。机动车维修经营者完成二

级维护作业后，应当向委托方出具二级维护出厂合格证。

(7)企业应当遵循视情修理的原则，根据实际情况对车辆进行及时修理。

四、车辆检测管理

车辆检测管理要求：

(1)企业应当定期到机动车综合性能检测机构，对道路运输车辆进行综合性能检测。

(2)企业应当自道路运输车辆首次取得《道路运输证》当月起，按照下列周期和频次，委托汽车综合性能检测机构进行综合性能检测和技术等级评定：

①客车、危货运输车自首次经国家机动车辆注册登记主管部门登记注册不满60个月的，每12个月进行1次检测和评定；超过60个月的，每6个月进行1次检测和评定。

②其他运输车辆自首次经国家机动车辆注册登记主管部门登记注册的，每12个月进行1次检测和评定。

(3)货车的综合性能检测可以委托运输驻在地汽车综合性能检测机构进行。

(4)企业应当选择通过质量技术监督部门的计量认证、取得计量认证证书并符合《汽车综合性能检测站能力的通用要求》(GB 17993)等国家相关标准的检测机构进行车辆的综合性能检测。

第四章　危险源辨识

危险源辨识基本知识

一、危险源的定义

危险源是指可能导致死亡、伤害、疾病、财产损失、工作环境破坏或其组合的根源或状态。危险源由三个要素构成:潜在危险性、存在条件和触发因素。危险源在没有触发之前是潜在的,常不被人们所发现和重视,危险源辨识就是发现、辨识系统中危险源的工作,它是危险源控制的基础,只有辨识了危险源之后才能有的放矢地考虑如何采取措施控制危险源。这也是危险源辨识的根本目的。

二、危险源的分类

根据危险源在事故发生中所起的作用不同,可将危险源划分为根源危险源(又称第一危险源)和状态危险源(又称第二危险源)。

❶ 根源危险源

根据能量意外释放论,事故是能量或危险物质的意外释放,造成人员伤害的直接原因是作用于人体的过量的能量或干扰人体与外界能量交换的危险物质。于是,把系统中存在的、可能发生意外释放的能量或危险物质称为根源危险源。实际工作中,把产生能量的能量源或拥有能量的能量载体看作根源危险源来处理。高速行驶的汽车,发生道路交通事故,会造成人员伤害、财产损失或者环境破坏,造成这些不良后果的根本原因,主要是高速行驶的汽车具有较大的功能,遇到阻隔,能量意外释放,具有较大的破坏力,是导致伤害的根本,是根源危险源。

❷ 状态危险源

在生产、生活中,为了利用能量,让能量按照人们的意图在生产过程中流动、转换和做功,就必须采取屏蔽措施约束、限制能量,即必须控制危险源。约束、限制能量的屏蔽应该能够可靠地控制能量,防止能量意外地释放。然而,实际生产过程中绝对可靠的屏蔽措施并不存在。在许多因素的复杂作用下,约束、限制能量的屏蔽措施可能失效,甚至可能被破坏而发生事故。导致约束、限制能量屏蔽措施失效或破坏的各种不安全因素称作状态危险源,它包括人、物、环境三个方面的问题。

道路运输企业系统中,除了行驶的汽车,极端自然灾害如泥石流、地震等根源危险源外,一次事故的发生,可能是车辆机械、设备、电路故障,可能是加油站中吸烟的顾客,可能是驾驶员的一次误操作,可能是驾驶员的疲劳驾驶导致短时间瞌睡,可能是冰雪路面,可能是一次交通事故的占道车辆,可能是不遵守交通规则闯红灯的电动自行车,也可能是过马路猛跑的行人,都会导致根源危险源对他人和自身造成伤害。以上这些人、物、环境的不安全因素就是状态危险源。

根源危险源是客观存在的,防范事故的重点是控制状态危险源。两类危险源的关系如图 4-1 所示。

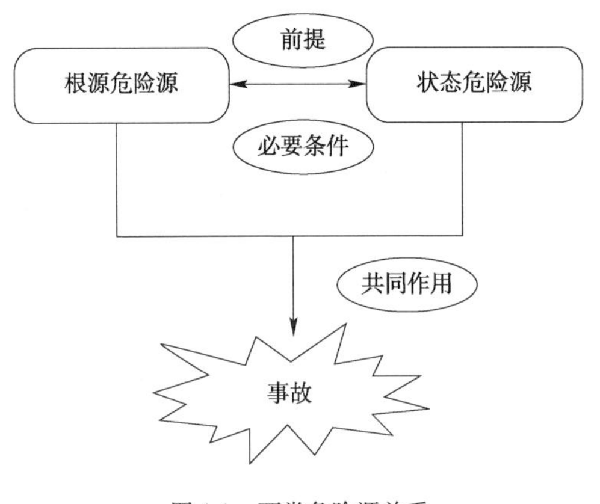

图 4-1　两类危险源关系

三、危险源辨识

危险源辨识就是识别危险源并确定其特性的过程。危险源辨识不但包括对危险源的识别,而且必须对其性质加以判断。

危险源辨识的目的就是通过对系统的分析,界定出系统中的哪些部分、区域是危险源,其危险的性质、危害程度、存在状况、危险源能量与物质转化为事故的转化过程规律、转化的条件、触发因素等。以便有效地控制能量和物质的转化,使危险源不至于转化为事故。它是利用科学方法对生产过程中那些具有能量、物质的性质、类型、构成要素、触发因素或条件,以及后果进行分析与研究,作出科学判断,为控制事故发生提供必要的、可靠的依据。

在辨识过程中,要考虑三种状态(正常、异常和紧急)和三种时态(过去、现在和将来)。三种时态包括:过去的作业活动、系统或设备等安全控制状态及发生过的人身伤害事故,并延续到现在的;作业活动、系统或设备等现在的安全状态;可以预见的作业活动发生变化、系统、设备等新产生或在维护、改进、报废等活动时

产生的安全控制状态。三种状态涉及:正常状态即正常、持续的生产运行;异常状态即指生产的开车、停车、检修等情况;紧急状态指发生爆炸、火灾、洪水等重大突发性事件。危险源辨识要包括四个方面:人的不安全行动、物的不安全状态、作业环境因素、安全健康管理因素。

❶ 危险源辨识方法

目前,国内外已经开发出的危险源辨识方法有几十种之多,如安全检查表、预危险性分析、危险和操作性研究、故障类型和影响性分析、事件树分析、故障树分析等。这些方法都是根据不同的对象和要求开发出来的。它们有其各自特点,也有各自的适用范围或局限性,应针对系统的具体情况选择适当的方法,也可采用多种方法结合起来对系统进行分析,取长补短,取得更加可靠的结果。

1)安全检查表法

安全检查表法是指运用安全系统工程的方法,发现系统以及设备、机器装置和操作管理、工艺、组织措施中的各种不安全因素,列成表格进行分析。

安全检查表优点:事先编制,有充分的时间组织有经验的人员来编写,做到系统化、完整化,不致漏掉能导致危险的关键因素;可以根据规定的标准、规范和法规、检查遵守的情况,提出准确的评价;表的应用方式是有问有答,给人的印象深刻,能起到安全教育的作用;表内还可注明改进措施的要求,隔一段时间后重新检查改进情况;简明易懂,容易掌握。

2)预先危险性分析

预先危险性分析(Preliminary Hazard Analysis,PHA),又称预先危险分析。主要用于新系统的设计,已有系统改造之前的方案设计、选址阶段,用来分析、辨识可能出现或已经存在的危险源,找出预防、改正、补救的措施,以消除或控制危险源。预先危险性分析的步骤如图 4-2 所示,危险等级的划分如表 4-1 所示。

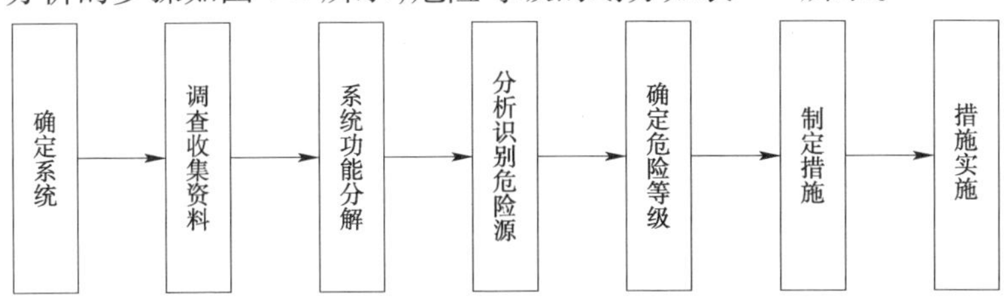

图 4-2　预先危险性分析的步骤

危险性等级划分等级表　　表 4-1

级别	危险程度	可能导致的后果
1 级	安全的	不会导致伤害或疾病,系统无损失,可以忽略
2 级	临界的	处于事故的边缘状态,暂时还不会造成人员伤亡和系统的损坏,但应予排除或控制
3 级	危险的	会造成人员伤亡和系统损坏,要立即采取措施控制
4 级	破坏性的	破坏性的,会造成死亡或系统报废,必须设法消除

预先危险分析的结果一般采用表格的形式列出。表格的格式和内容可根据实际情况确定。表格基本格式,如表 4-2 所示。

预先危险性分析工作表格　　表 4-2

单元:　　编制人员:　　日期:

危险	原因	后果	危险等级	改进措施/预防方法

3)FMEA

FMEA 是一种归纳分析法,主要是对系统的各个组成部分,即子系统、组件、元件等进行分析,找出它们所能产生的故障及其类型,查明每种故障对系统的安全所带来的影响,判明故障的影响及重要度,以便采取措施予以防止和消除。编制 FMEA 的步骤,如图 4-3 所示。

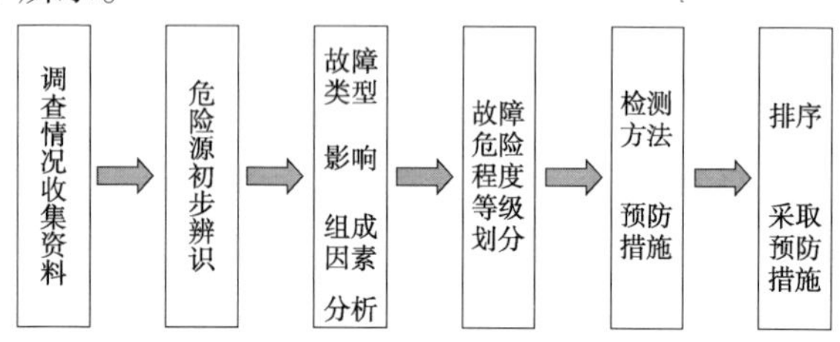

图 4-3　编制 FMEA 的步骤

4)事件树分析方法

事件树分析(Event Tree Analysis,ETA)它是一种按事故发展的时间顺序由初始事件(起因或诱发事件)开始推论可能的后果(成功或失败),从而进行危险源辨识的方法。初始事件是指事件树中在一定条件下造成事故后果的最初原因事件,它可以是系统故障、设备失效、人员误操作或工艺过程异常等。事件树分析方法的步骤,如图 4-4 所示。

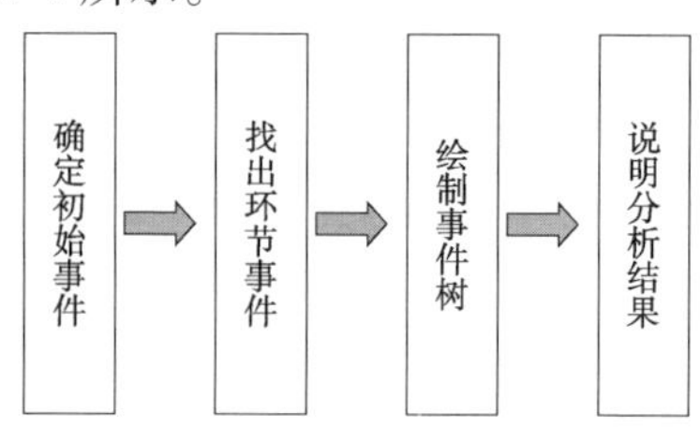

图 4-4　事件树分析方法的步骤

5)事故树分析法

事故树分析是从要分析的特定事故或故障(顶上事件)开始,层层分析其发生原因,直到找出事故的基本原因(底事件)为止。事故树分析的步骤,如 4-5 所示。

对于最小割集来说,它与顶上事件用或门相连,显然最小割集的个数越少越安全,越多越危险。而每个最小割集中的基本事件与第二层事件为与门连接，因此割集中的基本事件越多越有利。最小径集中基本事件越少越安全，最小径集的数量越多越安全。

事故树中或门越多，最小割集数越多，系统越不安全。事故树中与门越多，最小割集数量越少，系统的安全性越高。

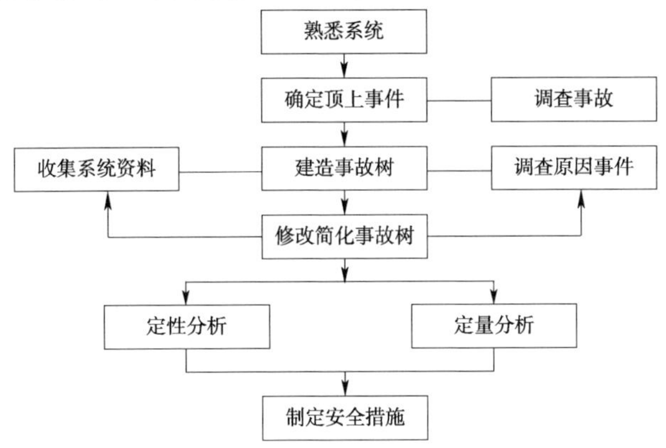

图 4-5　事故树分析的步骤

从概率重要度系数的算法可以看出这样的事实：一个基本事件的概率重要度如何，并不取决于它本身的概率值大小，而取决于它所在最小割集中其他基本事件的概率积的大小及它在各个最小割集中重复出现的次数。

❷ 危险源辨识的程序与内容

危险源辨识的程序如图 4-6 所示。

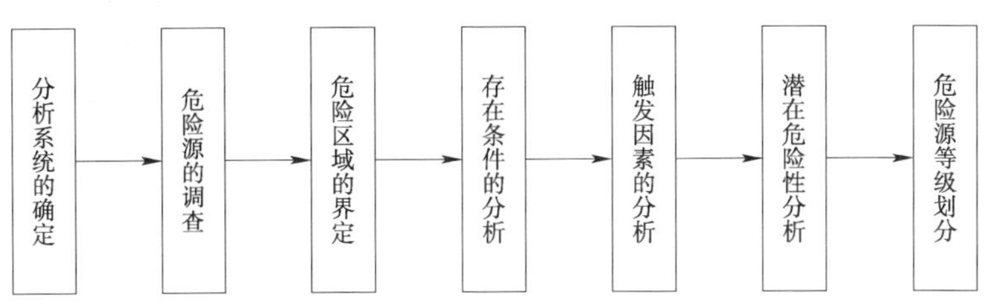

图 4-6　危险源辨识程序

1)危险源的调查

在进行危险源调查之前,首先确定所要分析的系统,例如,是对整个企业还是某个车间或某个生产工艺过程。然后对所分析系统进行调查,调查的主要内容有:

(1)生产工艺设备及材料情况:工艺布置,设备名称、容积、温度、压力,设备性能,设备本质安全化水平,工艺设备的固有缺陷,所使用的材料种类、性质、危害,使用的能量类型及强度等。

(2)作业环境情况:安全通道情况,生产系统的结构、布局,作业空间布置等。

(3)操作情况:操作过程中的危险、员工接触危险的频度等。

(4)事故情况:过去事故及危害状况,事故处理应急方法,故障处理措施。

(5)全防护:危险场所有无安全防护措施,有无安全标志,燃气、物料使用有无安全措施等。

2)危险区域的界定

即划定危险源点的范围。首先应对系统进行划分,可按设备、生产装置及设施划分子系统,也可按作业单元划分子系统。然后分析每个子系统中所存在的危险源点,一般将产生能量或具有能量、物质、操作人员作业空间、产生聚集危险物质的设备、容器作为危险源点。然后以危险源点为核心加上防护范围即为危险区域,这个危险区域就是危险源的区域。在确定危险源区域时,可按以下方法界定:

(1)按危险源是固定还是移动界定。如运输车辆、车间内的搬运设备为移动式,其危险区域应随设备的移动空间而定。而锅炉、压力容器、储油罐等则是固定源,其区域范围也固定。

(2)按危险源是点源还是线源界定。一般线源引起的危害范围较点源的大。

(3)按危险作业场所来划定危险源的区域。如有发生爆炸、火灾危险的场所，有被车辆伤害的场所，有触电危险的场所，有高处坠落危险的场所，有腐蚀、放射、辐射、中毒和窒息危险的场所等。

(4)按危险设备所处位置作为危险源的区域。如锅炉房、油库、氧气站、变配电站等。

(5)按能量形式界定危险源。如化学危险源、电气危险源、机械危险源、辐射危险源和其他危险源等。

3)存在条件及触发因素的分析

一定数量的危险物质或一定强度的能量，由于存在条件不同，所显现的危险性也不同，被触发转换为事故的可能性大小也不同。因此存在条件及触发因素的分析是危险源辨识的重要环节。存在条件分析包括：储存条件（如堆放方式、其他物品情况、通风等），物理状态参数（如温度、压力等），设备状况（如设备完好程度、设备缺陷、维修保养情况等），防护条件（如防护措施、故障处理措施、安全标志等），操作条件（如操作技术水平、操作失误率等），管理条件等。

触发因素可分为人为因素和自然因素。人为因素包括个人因素（如操作失误、不正确操作、粗心大意、漫不经心、心理因素等）和管理因素（如不正确管理、不正确训练、指挥失误、判断决策失误、设计差错、错误安排等）。自然因素是指引起危险源转化的各种自然条件及其变化。如气候条件参数（气温、气压、湿度、大气风速）变化，雷电、雨雪、振动、地震等。

4)潜在危险性分析

危险源转化为事故，其表现是能量和危险物质的释放，因此危险源的潜在危险性可用能量的强度和危险物质的量来衡量。能量包括电能、机械能、化学能、核能等，危险源的能量强度越大，表明其潜在危险性越大。危险物质主要包括燃烧爆炸危险物质和有毒有害危险物质两大类。前者泛指能够引起火灾或爆炸的

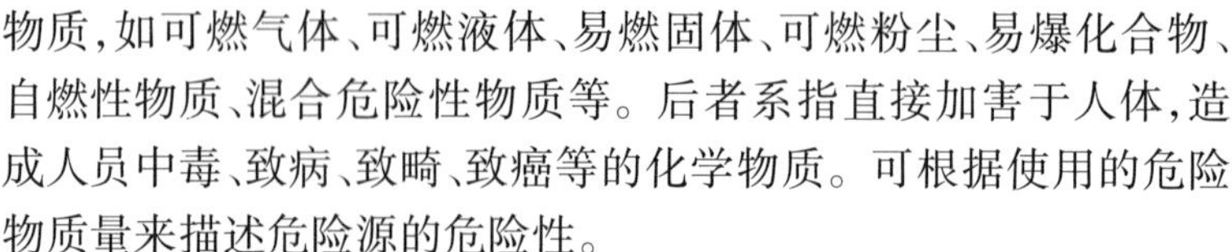

物质，如可燃气体、可燃液体、易燃固体、可燃粉尘、易爆化合物、自燃性物质、混合危险性物质等。后者系指直接加害于人体，造成人员中毒、致病、致畸、致癌等的化学物质。可根据使用的危险物质量来描述危险源的危险性。

5）危险源等级划分

危险源分级一般按危险源在触发因素作用下转化为事故的可能性大小与发生事故的后果的严重程度划分。危险源分级实质上是对危险源的评价。按事故出现可能性大小可分为非常容易发生、容易发生、较容易发生、不容易发生、难以发生、极难发生。根据危害程度可分为可忽略的、临界的、危险的、破坏性的等级别。也可按单项指标来划分等级。如高处作业根据高度差指标将坠落事故危险源划分为四级（一级 2 ~ 5m，二级 5 ~ 15m，三级 15 ~ 30m，特级 30m 以上）。按压力指标将压力容器划分为低压容器、中压容器、高压容器、超高压容器四级。

从控制管理角度，通常根据危险源的潜在危险性大小、控制难易程度、事故可能造成损失情况进行综合分级。Ⅰ级危险源是指可能造成多人死亡，设备系统造成重大损失的生产场所；Ⅱ级危险源是指可能造成死亡或多人重伤，导致设备造成较大损失的生产场所；Ⅲ级危险源指可能造成重伤，导致设备造成损失的生产现场。不同行业与不同企业采取的划分方法也各异，企业内部也可根据本企业的实际情况进行划分。划分的原则是突出重点，便于控制管理。

第二节　道路运输危险源辨识

道路运输安全的核心目标是不发生事故。任何事故的发生都有其原因，系统安全理论认为，危险源的存在是事故发生的根本原因，防止道路交通事故就是消除、控制道路交通系统中的危险源。驾驶员了解危险源的知识,掌握行车中危险源的辨识方法,可以更有效地避免道路交通事故。

要控制危险源必须首先辨识危险源,也就是找出运输活动中存在哪些根源危险源和状态危险源。辨识危险源包含两个过程:识别、确定特性。识别危险源是为了确定系统中存在哪些危险因素;确定危险源特性是为了根据其性质采取相对应的控制措施,是根源危险源得到有效控制,处于相对安全的状态,同时消除状态危险源。

道路运输过程中存在多种多样的危险源,主要包括五大类,一是人的不安全行为;二是物的不安全因素;三是道路的不安全因素;四是行车环境不安全因素;五是运输企业安全管理不善。这些危险源中,有的可能直接导致事故发生,如车辆故障等;有的可能是事故发生的深层次原因或根本原因,如企业管理不完善等。无论哪种危险源,只要存在,就会为事故发生埋下隐患。道路运输危险源辨识的内容,如表 4-3 所示。

道路运输危险源辨识的内容　　表 4-3

危　险　源	主 要 内 容
人的不安全行为	驾驶员、其他交通参与者
物的不安全因素	车辆本身特点、车辆结构、技术状态、车内物品、车载货物
道路的不安全因素	典型道路、特殊路段、道路通行条件
行车环境不安全因素	夜间、特殊天气、自然灾害
道路运输企业安全管理不完善	安全管理制度不完善、执行不力

一、驾驶员、其他运输参与人员的不安全行为

道路运输过程中,人员方面的危险因素一般包括驾驶员性格

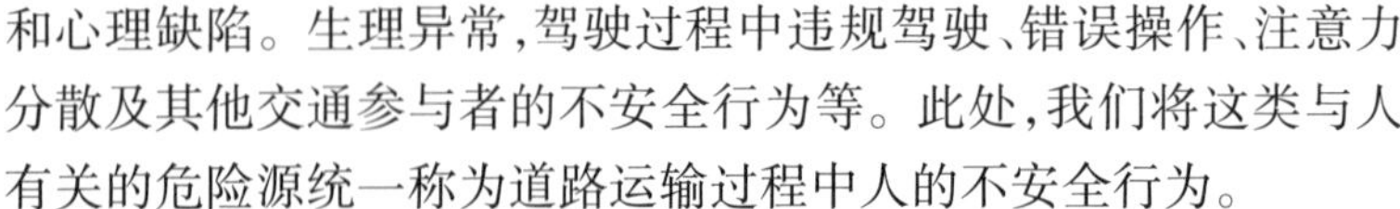

和心理缺陷。生理异常，驾驶过程中违规驾驶、错误操作、注意力分散及其他交通参与者的不安全行为等。此处，我们将这类与人有关的危险源统一称为道路运输过程中人的不安全行为。

❶ 驾驶员性格、心理缺陷

驾驶员的性格、心理缺陷主要表现为驾驶员个性存在缺点，如易激动、急躁、懒惰、侥幸心理、自负、自卑、马虎大意等，这些因素容易使驾驶员出现危险的驾驶行为，酿成事故。驾驶员许多违规驾驶、操作错误、注意力分散的等不安全行为都与其本身的个性缺陷有着或多或少的联系。因此，驾驶员弥补缺陷、克服缺点，对于安全行车至关重要。

❷ 驾驶员生理异常

驾驶员生理异常主要表现为疾病、药物不良反应、疲劳、饮酒后不适等，每年因驾驶员生理异常引发的交通事故时有发生。驾驶员生理异常危险源辨识，见表4-4。

驾驶员生理异常危险源辨识表 表4-4

危险源分类	危险源	事件/风险
驾驶员生理异常	疲劳	长时间工作使驾驶员出现瞌睡、注意力不集中、反应变慢等疲劳状态，容易使驾驶员无意识操作和误操作
	药物不良反应	驾驶员服用某些药物后出现反应迟钝、嗜睡、兴奋等不良反应，不利于安全行车，易引发事故
	疾病	驾驶员在行车过程中出现心脏病、脑溢血、耳病、头痛头晕、急性肠胃炎等疾病，失去对车辆的操控能力，易引发事故
	饮酒后不适	驾驶员饮酒后执意上路驾驶，因眩晕、恶心、对路况的观察和判断能力减弱等原因导致事故

❸ 驾驶员违规驾驶

驾驶员违规驾驶是指驾驶员违反《道路交通安全法》及相关法律法规规定，选择有潜在风险的驾驶行为，主要特征为一般性违规和攻击性、报复性违规。具体见表4-5。

驾驶员违规驾驶危险源　　表4-5

危险源分类	危险源	事件/风险
驾驶员违规驾驶	一般性违规，不指向他人	为了赶时间，驾驶员在明知道已经变灯的情况下还是强行通过路口，易与其他正常行驶的车辆发生碰撞等事故； 驾驶员逆行、违法停车、超速行驶、酒后驾驶、违法倒车、违法掉头、违法会车、违法牵引、违法装载、货车超载、客车超员等
	违规行为指向他人，具有攻击性、报复性	故意和前面的车辆靠得很近，以示意前面的驾驶员离自己远些或赶紧让路； 对于妨碍自己行驶的车辆，如行驶缓慢或“加塞车辆”感到非常气愤，使劲按喇叭、爆粗口表示不满，甚至故意撞击前车； 强行超车；强行变更车道等

❹ 驾驶员操作错误

驾驶员操作错误主要包括危险性错误和无危害性错误。危险性错误是指容易直接造成交通事故的行为，无危害性错误是指错误行为在当前一般不会直接导致交通事故的行为。无危害性错误对安全行车有很大的影响，例如，一位驾驶员想去A地，却在A地与B地的交叉口错误地驶向B地，驾驶员发现这一情况后，为了尽快赶到A地常常选择超速驾驶，给安全行车埋下了隐患。驾驶员操作错误危险源辨识，见表4-6。

驾驶员操作失误危险源　　表4-6

危险源分类	危险源特性	事件/风险
驾驶员操作错误	危险性错误,如:操作不当、操作失误	在打滑的路面上紧急制动,或制动时使车辆滑出路面;前方有紧急情况,想要停车时,错把加速踏板当制动踏板,与前车相撞; 当改变车道或者并线的时候,没有观察后视镜,易发生追尾、碰撞等事故; 在由主路开到辅路时,没有注意周围的行人、非机动车,易发生碰撞、剐蹭等事故;转弯时,未注意车辆内外轮差,剐蹭对向车辆
	(短期)无危害性错误行为	想要去A地,却行驶在去往B地的路线上; 本来想开刮水器或者别的装置,却开了前照灯

❺ 驾驶员注意力分散

在行车过程中,驾驶员不断地观察和处理外界信息,集中注意力非常重要。行驶速度为90km/h的车辆1s可以驶出25m。所以,即使几秒的注意力分散也非常容易引发交通事故。

驾驶员注意力分散诱发原因分为主观原因和客观原因。主观原因注意力分散是由驾驶员自身不安全驾驶行为引起的:受外界事物和环境影响引起的注意力分散称为客观原因注意力分散。驾驶员注意力分散危险源辨识,见表4-7。

驾驶员注意力分散危险源辨识　　表4-7

危险源分类	危险源特性	事件/风险
驾驶员注意力分散	驾驶员主观注意力分散	驾驶员在驾驶过程中打电话、想事情、与人热烈交谈、观察其他交通事故或者过于关注新奇事物,容易诱使危险发生
	驾驶员客观注意力分散	道路环境单一,驾驶员注意力无法持续集中

❻ 其他交通参与者的不安全行为

在道路运输过程中，其他交通参与者的不安全行为同样是引发事故的重要危险源，驾驶员稍有疏忽便可能导致严重的交通事故。具体见表4-8。

其他交通参与者的危险源辨识　　表4-8

危险源	危险源特性	事件/风险
其他交通参与者的不安全行为	违反交通规则	其他机动车驾驶员逆向行驶、占道行驶、违法超车、超速行驶、酒后驾驶等，驾驶员躲避不及易发生交通事故； 行人、骑自行车人、骑电动车人横穿马路、逆向行驶、占道行驶等； 年轻人赛车行为，影响车辆正常行驶
	行为不自知、不自觉	老年人行动迟缓，行走时不注意观察路况，遇到危险情况来不及躲避； 儿童行为不自知，不具备道路安全意识，嬉戏打闹、闯入道路； 其他交通参与者在经过路口时，忽视危险，突然冲出； 行人打伞，遮挡住视线，不顾及周围车辆
	专注于其他事物	行人交谈中、打电话或听音乐，忽视车辆靠近；路面施工人员专注于施工工作，没有注意车辆

二、车辆及货物的不安全因素

道路运输过程中，车辆及货物也是不安全因素，主要表现在车辆本身特点引发的行车不安全因素，车辆技术状况的不安全状态以及行李物品、车载货物存在的危险三个方面的内容。

❶ 车辆本身特点的不安全因素

道路运输车辆本身结构、行驶特点等与其他机动车存在很大差异,如果驾驶员不了解这些差异,不注意这些差异性和特殊性给运输安全带来的风险,交通事故便很有可能发生。具体见表4-9。

车辆的危险源辨识　　表4-9

危险源分类	危险源	事件/风险
结构存在风险	车体庞大(车身较长、较宽、较高)	转弯、倒车、停车、超车等占用对向车道,带来风险
	车辆存在的盲区	盲区内有行人,驾驶员无法全面观察周围情况,易碰撞、剐蹭盲区内交通参与者
行驶特点存在风险	与其他车辆之间存在速度差	速度差存在的风险,在高速公路尤为明显,由于小客车与大货车、大客车的设计车速以及限制行驶车速的不同,造成绝对速度差很大,迫使车辆频繁变更车道、超车,风险亦加大
	内外轮差大	转弯时碰撞、剐蹭转弯处行人、其他车辆等

❷ 车辆技术状况的不安全状态

车辆技术状况的不安全状态主要包括车辆技术状况不良和安全装置失效。具体见表4-10和表4-11。

技术状况的危险源辨识　　表4-10

危险源分类	危险源	具体表现
技术状况	制动劣化或失效	不能即时制动或车辆失控
	转向不良或失效	不能按意图转向
	照明、信号装置不良	前照灯损坏,照明受影响,夜间行驶无法观察路况;转向灯不亮,专项意图无法控制
	侧向稳定性差	车辆在横向车道行驶,或进行超车转弯等操作时易发生侧滑或侧翻

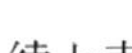

续上表

危险源分类	危险源	具体表现
技术状况	车辆悬挂、减震系统缺陷	车辆经过坑洼路面，颠簸颤动严重，造成人员不适，货物移动、脱落或碰撞
	车速表故障	驾驶员不能准确控制行车速度
	轮胎磨损严重、有裂纹或扎入杂物	车辆在行驶过程中车辆附着力不够，制动距离延长； 易发生爆胎
	发动机故障	车辆无法正常起动；车辆抛锚、应急停车影响其他车辆通行；车辆中途停火，无法正常操控
	车辆的电路接头裸露在外	出现接头搭铁现象，产生大量的搭铁火花，搭铁火花与油罐车表面的油气接触，便会引起燃烧，进而造成火灾和油罐爆炸事故。在装卸油过程中更容易发生
	货厢运输车辆内无离子感烟火灾探测器	货厢内部应具有良好的感烟雾报警性能。当有烟雾发生时，应在3min内感烟火灾探测器报警，驾驶室内置报警装置，报警声音强度100dB以上
	爆破器材运输车辆缺少抗爆容器	抗爆容器宜装在后舱内。隔离墙的厚度不应小于80mm。墙的夹层内应装入能吸收爆炸冲击波能量且不燃（或阻燃）的材料；安装抗爆容器时，泄爆孔的位置应避免与汽车底盘的重要零部件相对置。在发生事故时缓冲爆炸能量

车辆的安全装置失效 表4-11

危险源分类	危险源	具体表现
主动安全装置失效	视镜损坏	视镜损坏，相关人员观察道路状况受到影响
	刮水器失效	刮水器无法正常使用，影响视线
	喇叭失效	其他车辆人员或交通参与人员接收不到交通信号

续上表

危险源分类	危险源	具体表现
主动安全装置失效	遮阳板、遮阳余部破损或缺失	阳光直射,影响驾驶员观察道路;照射危货物品,暴晒或过度照射温度过高导致火灾爆炸;遮雨布效果不佳使危货物品淋雨,导致发生反应 危货运输车辆在行车途中发生故障,在规定的时间内不能卸油时,车辆应停放在阴凉处或遮阴篷里
	防抱死制动系统(ABS)等安全装置失效	车轮抱死、车辆侧滑
	排气管、消声器漏气或无防火罩	排气管和消声器漏气,排气系统有破损或裂缝,出现漏气后,有可能出现缸体内积炭火星外排的问题,在装卸油区内就有可能发生火灾或爆炸事故。也有可能因罐漏油发生火灾事故。排气管应加防火(星)罩,并宜设在车头位置(易燃液体装卸操作一般在车尾部及侧部),防止因火星迸出导致火灾爆炸事故
	灯光损坏或效果不全	正常行驶时无法向其他车辆发出正常信号或反馈信号,导致事故
	运输瓶装物品的车辆通风装置和固定装置不全	未安装通风装置和固定装置,通气不畅或逸发气体堆积,引起火灾爆炸;货物不固定,引起振动或偏移,引发事故
	无紧急切断装置或紧急切断装置故障	事故状态或紧急情况下无法进行切断,导致事故发生或扩大

续上表

危险源分类	危险源	具体表现
被动安全装置失效	安全气囊损坏	车辆发生碰撞等事故时,气囊不能正常弹开,驾驶员所受危险性增加
	安全带损坏	车辆发生碰撞等事故时,无法束缚驾驶员和副驾位置人员,遭受严重的伤害
	保险杠损坏	发生碰撞事故,无法吸收缓和外界冲击力,防护驾驶员
	座椅安全头枕损坏或掉落	紧急制动或车辆发生事故时,驾驶员头部无保护,容易受伤
	风窗玻璃损坏	影响驾驶员视野,容易发生交通事故
	灭火器、警告标志等缺失	紧急情况下无法自救
	防静电链条或导静电橡胶拖地带装置缺失或未接地	易产生静电地区,静电无法释放容易引起火灾,发生爆炸
	反光条破损或丢失	车辆罐体两侧和尾部都贴有反光条,夜间行驶提醒尾随车辆本车的宽度、高度、所运物品,避免超车、尾随时,判断失误而发生事故

❸ 行李物品、车载货物的不安全因素

行车过程中,乘客所携带的行李物品、货车装载的货物等,如果摆放和装载的位置、方法不合适,会对车内人员人身安全及行车安全带来一定风险。除此之外,车中湿滑的地板、破损的座椅等也可能对人的安全构成威胁。具体见表4-12。

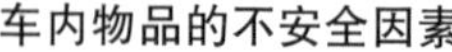

车内物品的不安全因素　　表 4-12

危险源分类	危险源	具体表现
行李物品存在危险	驾驶员随身物品存在危险或摆放方式和位置不合适	携带危险品出车，未被发现，易产生危险后果
车载货物存在危险	装载的货物重心过高	车辆稳定性能降低，转弯时车辆容易侧翻
	货物偏载（靠前、靠后，或由于行驶过程中震荡偏离重心位置）	
	超载	车辆载荷过大，转弯、下坡时使车辆制动失效； 车辆负荷过大，易引发爆胎、传动轴断裂、钢板弹簧断裂等车辆结构损坏，引发事故； 车辆载荷过重，导致路面损毁、桥梁垮塌，车辆负重板断裂
	运输罐车罐口未拧紧或密闭性不良	防止车辆运行中在上坡或下坡时，罐内原品及成品油外漏；防止罐盖在长时间的颠簸下松动，从而出现罐盖甩落的问题，伤及行人、车辆或其他建筑；防止罐盖与罐口在碰撞中产生火花，引起罐内残留油气着火，发生爆炸事件；防止烟火进入罐内发生爆炸事件

三、道路的不安全因素

道路的不安全因素主要包括典型道路的不安全因素、特殊道路的不安全因素及路面通行条件不良。

❶ 典型道路的不安全因素

从事长途运输或在山区运输的驾驶员经常在高速公路、山区道路等典型道路上行车。高速公路行车速度高,山区道路弯多、坡长等特点,会影响行车安全。因此,驾驶员应了解其中的危险因素。具体见表4-13。

高速公路危险因素 表4-13

危险源分类	危险源	事件/风险
高速公路	相对封闭、控制出入、单向行驶、无平面交叉、路况好、车速高、车流量大	车辆在高速公路上长时间高速行驶,驾驶员极易疲劳,车辆性能易发生变化; 长时间高速公路驾驶使驾驶员对速度的感知能力下降,易超速行驶; 车辆重心较高,速度快,有突发情况需改变行驶轨迹时易侧滑、侧翻等

❷ 山区道路

山区道路弯多、路窄、坡长等特点,会影响安全行车。驾驶员应了解其中的危险因素,如表4-14所示。

山区道路的危险源辨识 表4-14

危险源	危险源特性	事件/风险
山区道路	连续上下坡	车辆连续下坡转弯,驾驶员频踩制动踏板,易导致制动失效; 车辆上长坡,使发动机温度高,或换挡不当,引起停车或溜车
	路窄弯急	山体遮挡,驾驶员无法全面观察来车情况; 转向角度控制不合适,车辆驶出路外; 转向系统故障
	安全防护设施不完善	车辆易冲出路面
	路面有沙石	车辆易侧滑或使制动距离加长

❸ 特殊路段的不安全因素

交叉路口、隧道、桥梁、城乡接合部及临时修建道路等特殊路段的外观、构造及特征与一般路段有很大差异，车辆经过时容易出现事故，驾驶员必须提高警惕。特殊路段的危险源辨识，见表4-15。

特殊路段的危险源辨识 表4-15

危险源分类	危险源	事件/风险
临时修建道路	建设等级较低	重载的客车与货车对路面的承载能力要求很高，易滑擦、倾翻、陷于道路或使道路变形
	周边地形复杂及交通情况混乱	畜力车、人力车、农用车、摩托车等车辆频繁出现，带来风险
交叉路口	车辆、行人汇集，交通流量大，行驶轨迹交叉	驾驶员应接不暇，忽视盲区，易碰撞、剐蹭交叉路口其他车辆、行人等
隧道	隧道较窄限制高度	驾驶员强行超车，易引发撞车事故； 货车货物超过限制
	隧道口结冰	车辆容易失控，发生侧滑
	明适应暗适应	驾驶员出现短暂“失明”，无法全面观察道路信息
	出口横风	影响驾驶员对车辆的操控
桥梁	路宽限制	车流量大或路面情况不良（如湿滑、结冰等），车辆易驶出桥面，坠落桥下
	限制轴重	重载大型车辆载重超过限制，使桥梁垮塌
	横风影响	较大横风影响车辆的正常行驶轨迹
路旁有高大建筑、树木的道路	驾驶员视线被遮挡	驾驶员未注意到路口拐入的车辆，易发生撞车事故
	信号灯、标志标牌等被遮挡	驾驶员未注意到被遮挡的信号灯，误闯红灯

❹ 路面通行条件不良

在施工路面、障碍路面、涉水路面及冰雪路面等道路上行驶，危险性较高，驾驶员要格外注意安全。具体见表4-16。

路面通行条件危险源辨识　　表4-16

危险源分类	危险源特性	事件/风险
施工道路	道路中断或变窄	由于道路变窄，通行车辆多，通行速度变慢，车辆不及时减速易发生追尾等事故
	路面有沙石	沙石路面使车辆制动延长或侧滑
	施工标志不明显或未设置	驾驶员距离施工地点很近时才发现道路有施工，因躲避不及发生事故
路障	道路上有掉落或卸载的货物	驾驶员未发现路障，躲避不及，易发生事故； 躲避路障时，与其他车辆发生轨迹交叉
	故障车未及时移开	
	交通事故车辆停在路中	
冰雪路面	路面滑，寒冷地区及背阴地段冰雪不易融化	车辆发生侧滑
	对阳光的反射率极高(95%)	大雪后，雪地反射日光，刺激驾驶员眼睛，易发雪盲症
涉水路面如漫水桥、过河路、积水道路等	水过深	驾驶员未查清水情即涉水行驶，易使车辆熄火、电气设备受潮
	水下有泥沙	车辆打滑或陷于水中
	水中有尖锐物	车胎被尖锐物扎破
	水流速度快	使车辆行驶轨迹发生偏移或冲走车辆
凹凸路面	路面凹凸不平	车辆颠簸，使驾驶员或乘客不适，或使货车货物掉落
	路面有较大突起、深坑等	由于道路失修或局部地壳活动使路面出现突起和深坑，驾驶员躲避不及，引发事故

四、夜间、特殊天气及自然灾害的不安全因素

夜间、特殊天气及自然灾害等特殊环境改变了车辆的正常行车环境，危险性很高，易引发事故。驾驶员要充分了解这些危险源的特点及风险。

❶ 夜间的不安全因素

道路运输行业每年的重特大道路交通事故中，有30%～50%都发生在夜间。驾驶员必须认识到夜间驾驶环境的特殊性，提高警惕，防止危险发生。具体见表4-17。

夜间行驶危险源辨识 表4-17

危险源分类	危险源特性	事件/风险
夜间	行驶环境黑暗	路灯损坏，驾驶员视线受影响； 会车时，其他车辆开远光灯，使驾驶员炫目； 夜间行驶环境差，驾驶员易疲劳

❷ 特殊天气的不安全因素

特殊天气主要包括雨雪天气、大雾天气和高温天气等，特殊天气常常给安全行车带来很大的威胁。在特殊天气行车，驾驶员应充分了解特殊天气的特点及其存在的风险。特殊天气的危险源辨识见表4-18。

特殊天气的危险源辨识 表4-18

危险源分类	危险源特性	事件/风险
雨天	光线暗淡，视野模糊，能见度变低	驾驶员视线被影响，无法清晰观察路况
	常伴有雷电大风	雷电劈倒或大风刮倒路边树木，易砸中过往车辆

续上表

危险源分类	危险源特性	事件/风险
雨天	雨天使路面湿滑、泥泞	下雨使得建设等级低的路面塌陷或变得松软,车辆容易陷入; 车辆打滑、侧滑;制动距离延长
冰雪天气	气温低于0℃形成冻雨	车辆制动距离延长,车辆打滑、侧滑
	雪天视线不良	驾驶员视线被影响,无法清晰观察路况
	路面被积雪覆盖或有化雪	车辆起动时,车轮打滑,起动困难;车辆行驶过程中易发生侧滑;车辆在平坦、两侧无建筑和树木的道路行驶,四周均是白茫茫的雪,容易失去对方向的感知
大雾天气	大雾天气能见度低	驾驶员看不清路况,跟车距离小,前车紧急制动,后车制动不及,易引发追尾事故
高温天气	高温天气温度过高	驾驶员易疲惫、困倦、脾气暴躁;高温天气使地面温度升高,客车满员或货车满载行驶,轮胎负荷大,温度升高,易发生爆胎; 车辆、(货车)货物易自燃; 水箱易开锅;制动易失效

❸ 自然灾害的不安全因素

我国幅员辽阔,自然灾害频发。驾驶员需要了解自然灾害的特点及可能对道路交通造成的影响,正确应对自然灾害。自然灾害的危险源辨识见表4-19。

自然灾害的危险源辨识　　表 4-19

危险源分类	危险源特性	事件/风险
沙尘暴	风力大	被大风吹起的物体易击中车辆;使车辆偏离行驶轨迹
	水平能见度小于 1km	飞扬的沙尘阻挡驾驶员视线
	路面有沙土	路面布满沙土,使车辆发生滑擦
飓风、台风	风力能量巨大	路边树木、指示牌等被吹倒,易砸中汽车或阻碍交通;使车辆偏离行驶轨迹或倾翻
地震	能量大,破坏性大	车辆在行驶过程中突发地震,车辆易掉入裂缝、被倒塌的建筑物等砸中、发生撞车等事故
泥石流、滑坡	爆发突然,来势凶猛,破坏力大	车辆躲避不及,易被泥石、泥土等掩埋;泥石流、滑坡使交通瘫痪
雹灾	来势凶猛,时间短,强度大,常伴有狂风骤雨	冰雹易砸伤人员,砸坏车辆,暴雨、冰雹影响驾驶员视线,影响道路路况,车辆易发生事故

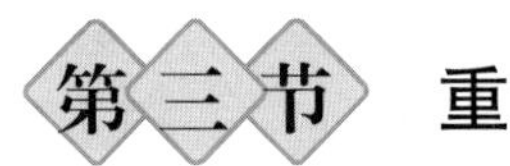

第三节　重大危险源

❶ 定义

重大危险源,是指长期地或者临时地生产、搬运、使用或者储存危险物品,且危险物品的数量等于或者超过临界量的单元(包括场所和设施)。

❷ 辨识

重大危险源的辨识应依据《危险化学品重大危险源辨识》(GB 18218—2009)标准的相关要求。

单元内(500m)存在的危险化学品的数量等于或超过临界量,即被定为重大危险源。

单元内存在的危险化学品为单一品种,则该危险化学品的数量即为单元内危险化学品的总量,若等于或超过临界量,则定为重大危险源。

单元内存在的危险化学品为多品种时,则按下式(1)计算,若满足下式,则定为重大危险源:

$$q_1/Q_1 + q_2/Q_2 + \cdots + q_n/Q_n \geq 1$$

式中:q_1、q_2、…、q_n——每种危险化学品实际存在量,t;

Q_1、Q_2、…、Q_n——与各危险化学品相对应的临界量,t。

❸ 重大危险源管理

企业对重大危险源应当登记建档,进行定期检测、评估、监控,并制定应急预案,告知从业人员和相关人员在紧急情况下应当采取的应急措施。企业应当按照国家有关规定将本单位重大危险源及有关安全措施、应急措施报有关地方人民政府安全生产监督管理部门和有关部门备案。

《危险化学品安全管理条例》中规定,生产、储存危险化学品的企业,对本企业的安全生产条件每3年进行一次安全评价,提出安全评价报告。安全评价报告应包括以下内容:

(1)安全评估的主要依据。

(2)重大危险源基本情况。

(3)危险、有害因素辨识与分析。

(4)可能发生的事故类型、严重程度。

(5)重大危险源等级。

(6)安全对策措施。

(7)应急救援措施。

(8)评估结论与建议。

安全评估报告应当数据准确，内容完整，对策措施具体可行，结论客观公正。

❹ 重大危险源分级

根据《危险化学品重大危险源监督管理暂行规定》第八条的规定，重大危险源根据其危险程度，分为一级、二级、三级和四级，一级为最高级别。

❺ 重大危险源备案

《危险化学品重大危险源监督管理暂行规定》第二十三条规定，危险化学品单位在完成重大危险源安全评估报告或者安全评价报告后15日内，应当填写重大危险源备案申请表，连同本规定第二十二条规定的重大危险源档案材料（其中第二款第五项规定的文件资料只需提供清单），报送所在地县级人民政府安全生产监督管理部门备案。县级人民政府安全生产监督管理部门应当每季度将辖区内的一级、二级重大危险源备案材料报送至设区的市级人民政府安全生产监督管理部门。设区的市级人民政府安全生产监督管理部门应当每半年将辖区内的一级重大危险源备案材料报送至省级人民政府安全生产监督管理部门。

第五章　安全生产检查与隐患排查治理

第一节　安全生产检查

安全生产检查是企业安全生产管理的重要内容，其工作重点是标识安全生产管理工作存在的漏洞和死角，检查生产现场安全防护设施、作业环境是否存在不安全状态，现场作业人员的行为是否符合安全规范，以及设备、系统运行状况是否符合现场规程的要求等。通过安全检查，不断堵塞管理漏洞，完善作业环境，规范作业人员行为，提高安全管理水平，实现安全管理目的。

一、安全生产检查类型

安全生产检查分类方法很多，习惯上分为以下五种类型。

❶ 定期安全生产检查

定期安全生产检查一般是通过有计划、有组织、有目的的形式来实现，一般由企业统一组织实施。检查周期的确定，应根据企业的规模、性质以及地区气候、地理环境等确定，定期安全检查一般具有组织规模大、检查范围广、有深度，能及时发现并解决问题等特点。

❷ 日常安全生产检查

由各部门、基层单位负责人或安全管理人员、员工每天都进行的安全自检自查。

日常安全生产检查以人的不安全行为、物的不安全状态、隐患整改情况及相互沟通信息、协调解决问题为主要内容。如从业人员严格执行班前、班中、班后安全生产检查;各层级管理人员应经常深入现场进行安全生产检查,及时发现并制止违章指挥、违章操作、违反劳动纪律的“三违”行为,督促整改隐患。

❸ 专项安全生产检查

(1)对易发生事故的设备、设施(如检修室、停车场等)、危险作业场所等,组织有关专业人员组成专业检查组检查。

(2)根据安全生产工作实际情况确定的对某类设备设施、作业场所、安全生产管理或安全生产专项工作进行不定期的专门检查。

(3)根据行业主管机关对安全生产工作的要求和安全生产工作中存在的突出问题为内容进行的检查。

❹ 季节性及节假日安全生产检查

根据季节组织开展的有针对性的安全生产检查,如冬季防冻保温、防火、放煤气中毒,夏季防暑降温、防汛、防雷电等。

❺ 综合性安全生产检查

综合性安全检查一般是由上级主管部门或地方政府负有安全生产监督管理职责的部门,组织对企业进行的安全检查。或者企业对各部门、分支机构的安全管理、设备设施、作业环境等进行的全面的安全生产检查。

二、安全生产检查主要内容

❶ 安全生产检查的主要内容

(1)查思想、查意识。

(2)查领导、查管理。

(3)查制度、查落实。

(4)查隐患、查整改。

(5)查培训、查纪律。

(6)查设备设施、查作业现场环境。

(7)查事故处理、查应急救援。

❷ 日常安全生产检查具体内容

(1)国家、行业主管部门关于安全生产的方针、政策、法规、标准、制度及客运中心安全生产管理制度执行情况。

(2)安全生产管理过程。

(3)安全生产责任制落实情况。

(4)生产现场设备设施、安全设施运行情况及作业环境安全条件。

(5)危险源、危险场所管控情况。

(6)员工劳动保护情况。

(7)员工遵章守纪情况。

(8)生产安全事故应急预案制定和演练情况。

(9)专项安全工作完成情况。

(10)其他与安全生产相关工作情况。

三、安全生产检查方法

❶ 常规检查

常规检查是常见的一种检查方法。通常是由安全管理人员作为检查工作的主体,到作业场所,通过感官或辅助一定的简单工具,对作业人员的行为、作业场所的环境条件、设备设施等进行定性检查。安全检查人员通过这一手段,及时发现现场存在的隐

患，采取措施予以消除，纠正从业人员的不安全行为。

❷ 安全检查表法

为使安全检查工作更加规范，将个人的行为对检查结果的影响减少到最小，常采用安全检查表法。安全检查表一般由工作小组讨论制定。安全检查表一般包括检查项目、检查内容、检查标准、检查结果及评价等内容。

编制检查表应依据国家有关法律法规，现行有效的标准、规范和管理制度，有关事故教训，企业的安全管理文化、理念，预防事故措施和安全措施计划，季节性、地理、气候特点等。

❸ 仪器检测及数据分析法

有些生产经营单位的设备、系统运行数据具有在线监视和记录的系统设计，对设备、系统的运行状况可通过对数据的变化趋势进行分析得出结论。对没有在线数据检测系统的机器、设备、系统，只能通过仪器检查法来进行定量化检验与测量。

四、安全生产检查的工作程序

❶ 安全检查准备

(1)确定检查对象、目的、任务。

(2)查阅、掌握有关法规、标准、规程的要求。

(3)了解检查对象的实际情况、可能出现的危险和危害情况。

(4)制定检查计划，安排检查内容、方法、步骤。

(5)编写安全检查表或检查提纲。

(6)准备必要的检测工具、仪器、书写表格或记录表。

(7)挑选和训练检查人员并进行必要的分工等。

❷ 实施安全检查

实施安全检查就是通过访谈、查阅文件和记录、现场勘查、仪器测量的方式获取信息。

1)访谈

通过与有关人员谈话来检查安全意识和规章制度执行情况等。

2)查阅文件和记录

检查责任制度、作业规程、安全措施等是否齐全,是否有效;查阅相应记录,判断上述文件是否被执行。

3)现场观察

对作业场所的生产设备、安全防护设施、作业环境、人员操作等进行观察,寻找不安全因素、事故隐患、事故征兆等。

4)仪器测量

利用一定的检测仪器设备,对在用的设施、设备、器材状况及作业环境条件进行测量,以发现隐患。

❸ 综合分析

经现场检查和数据分析后,检查人员应对检查情况进行综合分析,提出检查的结论和意见。一般来讲,企业自行组织的各类安全检查,应由安全管理部门会同有关部门对检查结果进行综合分析。上级主管部门或地方政府负有安全生产监督管理职责的部门组织的安全检查,统一研究得出检查意见或结论。

五、提出整改要求

针对检查发现的问题,应根据问题性质的不同,提出立即整改、限期整改等措施要求。企业自行组织的安全检查,由安全管理部门会同相关部门共同制定整改措施计划并组织实施。上级主管部门或地方政府负有安全生产监督管理职责的部门组织的安全检查，检查组应提出书面整改要求，企业制定整改措施计划。

六、整改落实

对安全检查发现的问题和隐患，企业应从管理的高度，举一反三，制定整改计划并积极落实整改。

七、信息反馈及持续改进

企业自行组织的安全检查，在整改措施计划完成以后，安全管理部门应组织有关人员进行验收。对上级主管部门或地方政府负有安全生产监督管理职责的部门组织的安全检查，在整改措施完成后，应及时上报整改完成情况，申请复查或验收。

对安全检查中经常发现并反复出现的问题，企业应从规章制度的健全和完善、从业人员的安全培训教育、设备设施的维护更新、加强现场检查和监督等环节入手，做到持续改进，不断提高安全管理水平，防范生产安全事故的发生。

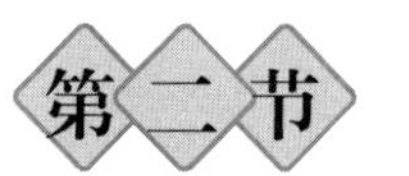

第二节 隐患排查与治理

一、定义及分类

安全生产事故隐患（以下简称事故隐患），是指生产经营单位违反安全生产法律、法规、规章、标准、规程和安全生产管理制度的规定，或者因其他因素在生产经营活动中存在可能导致事故发生的物的危险状态、人的不安全行为和管理上的缺陷。

事故隐患分为一般事故隐患和重大事故隐患。一般事故隐患，是指危害和整改难度较小，发现后能够立即整改排除的隐患。重大事故隐患，是指危害和整改难度较大，应当全部或者局部停产停业，并经过一定时间整改治理方能排除的隐患，或者因外部因素影响致使生产经营单位自身难以排除的隐患。

二、隐患排查及治理

❶ 隐患排查及治理的重要性

《安全生产法》第十七条规定，生产经营单位主要负责人有"督促、检查本单位的安全生产工作，及时消除生产安全事故隐患"的职责；第二十二条规定，生产经营单位安全生产管理机构以及安全生产管理人员应履行"检查本单位的安全生产状况，及时排查生产安全事故隐患，提出改进安全生产管理的建议"的职责。

《国务院关于进一步加强企业安全生产工作的通知》（国发〔2010〕23 号）进一步强调了及时排查治理安全隐患的重要性。

《国务院关于进一步加强企业安全生产工作的通知》第 4 条要求：企业要经常性开展安全隐患排查，并切实做到整改措施、责任、资金、时限和预案"五到位"。建立以安全生产专业人员为主导的隐患整改效果评价制度，确保整改到位。对隐患整改不力造成事故的，要依法追究企业和企业相关负责人的责任。对停产整改逾期未完成的不得复产。

《国务院关于进一步加强企业安全生产工作的通知》第 8 条要求：因安全生产技术问题不解决产生重大隐患的，要对企业主要负责人、主要技术负责人和有关人员给予处罚。

《国务院关于进一步加强企业安全生产工作的通知》第 14 条要求：依法维护和落实企业职工对安全生产的参与权与监督权，

鼓励职工监督举报各类安全隐患，对举报者予以奖励。

《国务院关于进一步加强企业安全生产工作的通知》第16条要求：对重大危险源和重大隐患要报当地安全生产监管监察部门、负有安全生产监管职责的有关部门和行业管理部门备案。

《国务院关于进一步加强企业安全生产工作的通知》第26、30条要求：对存在落后技术装备、构成重大安全隐患的企业，要予以公布，责令限期整改，逾期未整改的依法予以关闭；存在重大隐患整改不力的企业，由省级及以上安全监管监察部门会同有关行业主管部门向社会公告，并向投资、国土资源、建设、银行、证券等主管部门通报，一年内严格限制新增的项目核准、用地审批、证券融资等，并作为银行贷款等的重要参考依据。

《国务院安委会办公室关于实行安全生产事故隐患排查治理情况月通报的通知》（安委办〔2012〕23号）要求：自2012年7月1日起，对全国安全生产事故隐患排查治理情况实行月通报。月通报主要内容是：每月汇总各地区、各有关部门和单位开展安全生产事故隐患排查治理情况，重点分析开展隐患排查治理企业和单位、一般事故隐患排查治理、重大事故隐患排查治理、重大事故隐患挂牌督办以及落实隐患治理资金等情况，查找存在的问题，提出下一阶段的工作措施。启用安全生产事故隐患排查治理信息统计网上报送系统。

可见，对于企业而言，隐患排查和治理已经成为安全生产管理的核心内容之一，企业隐患治理整改情况也是政府安全生产监督部门关注的焦点之一，企业应从安全生产制度上确保隐患排查治理的经常化，通过安全生产技术创新提高隐患排查治理绩效。

❷ 隐患排查治理措施方法

隐患排查是指企业组织安全生产管理人员、技术人员和其他相关人员对本单位的事故隐患进行排查的行为。隐患治理就是指消除或控制隐患的活动或过程。

企业是隐患排查工作的责任主体，方法是定期组织安全生产管理人员、技术人员和其他相关人员排查本单位的事故隐患，鼓励、发动职工发现事故隐患，鼓励社会公众举报。此项工作通常与企业的各种安全生产检查工作相结合。根据上述要求，隐患排查的过程就是企业定期组织所属人员主动、全面地查找并发现隐患、确定其等级、建立事故隐患信息档案，同时鼓励社会公众举报。

企业应当建立事故隐患排查治理制度，依据相关法律法规及自身管理规定，对营运车辆、客运驾驶员、运输线路、运营过程等安全生产各要素和环节进行安全隐患排查，及时消除安全隐患。

企业应根据安全生产的需要和特点，采用综合检查、专业检查、季节性检查、节假日检查、日常检查等方式进行隐患排查，对排查出的安全隐患进行登记和治理，落实整改措施、责任、资金、时限和预案，及时消除事故隐患。对于能够立即整改的一般安全隐患，由企业立即组织整改；对于不能立即整改的重大安全隐患，企业应组织制定安全隐患治理方案，依据方案及时进行整改；对于自身不能解决的重大安全隐患，企业应立即向有关部门报告，依据有关规定进行整改。

企业应当建立安全隐患排查治理档案，档案应包括以下内容：隐患排查治理日期；隐患排查的具体部位或场所；发现事故隐患的数量、类别和具体情况；事故隐患治理意见；参加隐患排查治理的人员及其签字；事故隐患治理情况、复查情况、复查时间、复查人员及其签字。

企业应当每季、每年对本单位事故隐患排查治理情况进行统计，分析隐患形成的原因、特点及规律，建立事故隐患排查治理长效机制。

企业应当建立安全隐患报告和举报奖励制度，鼓励、发动职工发现和排除事故隐患，鼓励社会公众举报。对发现、排除和举报事故隐患的有功人员，应当给予物质奖励和表彰。

企业应当积极配合有关部门的监督检查人员依法进行的安全隐患监督检查，不得拒绝和阻挠。

第六章 应急救援

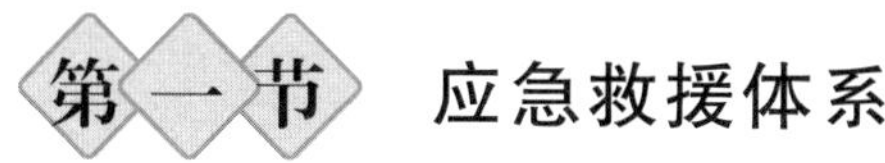

第一节 应急救援体系

一、基本任务

事故应急救援的总目标是通过有效的应急救援行动，尽可能地降低事故的后果，包括人员伤亡、财产损失和环境破坏等。事故应急救援的基本任务包括以下几个方面：

（1）立即组织营救受害人员。组织撤离或者采取其他措施保护危害区域内的其他人员。抢救受害人员是应急救援的首要任务。在应急救援行动中，快速、有序、有效地实施现场急救与安全转送伤员，是降低事故伤亡率、减少事故损失的关键。由于重大事故发生突然、扩散迅速、涉及范围广、危害大、应及时指导和组织群众采取各种措施进行自我防护，必要时迅速撤离出危险区域或可能受到危害的区域。在撤离过程中，应积极组织群众开展自救和互救工作。

（2）迅速控制事态，并对事故造成的危害进行检测、监测，测定事故的危害区域、危害性质及危害程度。及时控制住造成事故的危险源是应急救援工作的重要任务。只有及时地控制住危险源，防止事故继续扩大，才能及时有效地进行救援。

（3）消除危害后果，做好现场恢复。针对事故对人体、环境等造成的现实危害和可能的危害，迅速采取封闭、隔离、洗消、监测等措施，防止对认定继续危害和环境的污染。及时清理废墟和恢复基本设施，将事故现场恢复至相对稳定状态。

（4）查清事故原因，评估危害程度。事故发生后，应及时调查事故发生的原因和事故性质，评估出事故的危害范围和危险程度，查明人员伤亡情况，做好事故原因调查，并总结救援工作中的经验和教训。

二、应急救援体系的基本构成

由于潜在的重大事故风险多种多样，所以相应每一类事故灾难的应急救援措施可能千差万别，但其基本应急模式是一致的。构建应急救援体系，应贯彻顶层设计和系统论的思想，以事件为中心，以功能为基础，分析和明确应急救援工作的各项需求，在应急能力评估和应急资源统筹安排的基础上，科学地建立规范化、标准化的应急救援体系，保障各级应急救援体系的统一和协调。

一个完整的应急体系应有组织体制、运作机制、法制基础和应急保障系统 4 部分构成，如图 6-1 所示。

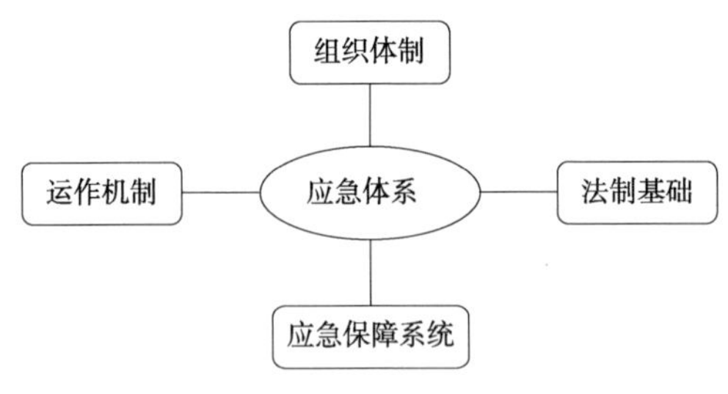

图 6-1　应急体系结构图

❶ 组织体制

应急救援体系组织体制建设中的管理机构是指维持应急日

常管理的负责部门;功能部门包括与应急活动有关的各类组织机构,如消防、医疗机构等;应急指挥是在应急预案启动后,负责应急救援活动场外与场内指挥系统;而救援队伍则由专业和志愿人员组成。

❷ 运作机制

应急救援活动一般划分为应急准备、初级反应、扩大应急和应急恢复 4 个阶段,应急机制与这 4 个阶段的应急活动密切相关。应急运作机制主要有统一指挥、分级响应、属地为主和公众动员这 4 个基本机制组成。

统一指挥是应急活动的最基本原则。应急指挥一般可分为集中指挥和现场指挥,或场外指挥与场内指挥等。无论采取哪一种指挥系统,都必须实行统一指挥的模式,无论应急救援活动涉及单位的级别高低和隶属关系不同,但都必须在应急指挥部的统一组织协调下行动,有令则行,有禁则止,统一号令,步调一致。

分级响应是指在初级响应到扩大应急的过程中实行的分级响应的机制。扩大或提高应急级别的主要依据是事故灾难的危害程度,影响范围和控制事态能力。影响范围和控制事态能力是“升级”的最基本条件。扩大应急救援主要是提高指挥级别、扩大应急范围等。

属地为主强调“第一反应”的思想和以现场应急、现场指挥为主的原则。

公众动员机制是应急机制的基础,也会死整个应急体系的基础。

❸ 法制基础

法制建设是应急体系的基础和保障,也是开展各项应急活动的依据,与应急有关的法律、法规可分为 4 个层次:由立法机关通过的法律,如《突发事件应对法》;由国务院颁布的法规,如《应急救援管理条例》等；以部委令颁布的政府法令、规定，如《交通运输突发事件应急管理规定》等；与应急救援活动直接有关的标准或管理办法，如《生产经营单位生产安全事故应急预案编制导则》（GB/T 29639—2013）等。

❹ 保障系统

列于应急保障系统第一位的是信息与通信系统，构筑集中管理的信息通信平台是应急体系最重要的基础建设。应急信息通信系统要保证所有预警、警报、报告、指挥等活动的信息交流快速、顺畅、准确，以及信息资源共享；物资与装备不但要保证有足够的资源，而且还要实现快速、及时供应到位；人力资源保障包括专业队伍的加强、志愿人员以及其他有关人员的培训教育；应急财务保障应建议专项应急科目，如应急基金等，以保障应急管理运行和应急反应中各项活动的开支。

三、应急救援体系响应机制

重大事故应急救援体系应根据事故的性质、严重程度、事态发展趋势和控制能力实行分级响应机制，对于不同的响应级别，相应地明确事故的通报范围、应急中心的启动程度、应急力量的出动和设备、物资的调集规模、疏散范围、应急总指挥的职位等。典型的应急响应级别通常分为三级。

❶ 一级紧急情况

必须利用所有有关部门及一切资源的紧急情况，或者需要各个部门同外部机构联合处理的各种紧急情况，通常要宣布进入紧急状态。在该级别中，做出主要决定的职责通常是紧急事故管理部门。现场指挥部可在现场做出保护生命和财产以及控制事态所必需的各种决定。解决整个紧急事件的决定，应该由紧急事务管理部门负责。

❷ 二级紧急情况

需要两个或更多个部门响应的紧急情况。该事故的救援需要有关部门的协作，并且提供人员、设备或其他资源。该级响应应需要成立现场指挥部来统一指挥现场的应急救援行动。

❸ 三级紧急情况

能被一个部门正常可利用资源处理的紧急情况。正常可利用的资源指该部门在该部门权利范围内通常可以利用的应急资源，包括人力和物力等。必要时，该部门可以建立一个现场指挥部，所需的后勤支持、人员或其他资源增员由本部门负责解决。

四、应急救援响应程序

事故应急救援系统的应急响应程序按过程可分为接警、响应级别确定、应急启动、救援行动、应急恢复和应急结束等几个过程，如图 6-2 所示。

图 6-2 应急响应程序

❶ 接警与响应级别确定

接到事故报警后，按照应急工作程序，对警情做出判断，初步确定相应的响应级别。如果事故不足与启动应急救援体系的最低响应级别，响应关闭。

❷ 应急启动

应急响应级别确定后，按所确定的响应级别启动应急程序，如通知应急中心有关人员到位、开通信息与通信网络、通知调配救援所需的应急资源(包括应急队伍和物资、装备等)、成立现场应急指挥部。

❸ 救援行动

有关应急队伍进入事故现场后,迅速开展事故侦测、疏散、人员救助、工程抢险等有关应急救援工作,专家组为救援决策提供建议和技术支持。当事态超出响应级别无法得到有效控制时,向应急中心请求实施更高级别的应急响应。

❹ 应急恢复

救援行动结束后,进入临时应急恢复阶段。该阶段主要包括现场清理、人员清点和撤离、警戒解除、善后处理和事故调查等。

❺ 应急结束

执行应急关闭程序,由事故总指挥宣布应急结束。

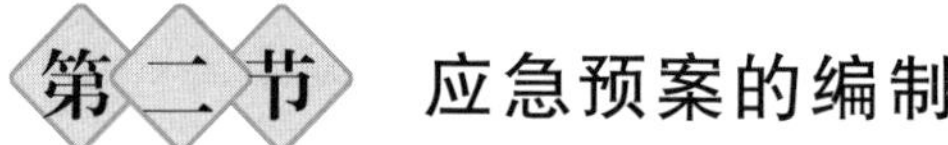

第二节 应急预案的编制

一、应急预案编制要求

应急预案的编制应当符合下列基本要求:

(1)符合有关法律、法规、规章和标准的规定。

(2)结合本地区、本部门、本单位的安全生产实际情况。

(3)结合本地区、本部门、本单位的危险性分析情况。

(4)应急组织和人员的职责分工明确,并有具体的落实措施。

(5)有明确、具体的事故预防措施和应急程序,并与其应急能力相适应。

(6)有明确的应急保障措施,并能满足本地区、本部门、本单位的应急工作要求。

(7)预案基本要素齐全、完整,预案附件提供的信息准确。

(8)预案内容与相关应急预案相互衔接。

二、应急预案的编制要素

完整的应急预案编制应包括以下一些基本要素,即分为六个一级关键要素,包括:方针与原则;应急策划;应急准备;应急响应;现场恢复;预案评审改进。

六个一级要素之间既具有一定的独立性,又紧密联系,从应急的方针、策划、准备、响应、恢复到预案的管理与评审改进,形成了一个有机联系并持续改进的应急管理体系。根据一级要素中所包括的任务和功能,应急策划、应急准备和应急响应三个一级关键要素,可进一步划分成若干个二级小要素。所有这些要素构成了重大事故应急预案的核心要素,这些要素是重大事故应急预案编制应当涉及的基本方面。在实际编制时,根据企业的风险和实际情况的需要,也为便于预案内容的组织,可根据企业自身实际,将要素进行合并、增加、重新排列或适当的删减等。编制应急预案必须考虑企业的现状和需求,在事故风险分析的结果上,大量收集和参阅已有的应急资料,以尽可能地减少工作环节。完整的应急预案应包括以下六项内容,如图 6-3 所示

1)方针与原则

无论是何级或何类型的应急救援体系,首先必须有明确的方针和原则,作为开展应急救援工作的纲领。方针与原则反映了应急救援工作的优先方向、政策、范围和总体目标,应急的策划和准备、应急策略的制定和现场应急救援及恢复,都应当围绕方针和原则开展。

事故应急救援工作是在预防为主的前提下,贯彻统一指挥、

分级负责、区域为主、单位自救和社会救援相结合的原则。其中预防工作是事故应急救援工作的基础，除了平时做好事故的预防工作，避免或减少事故的发生外，还要落实好救援工作的各项准备措施，做到预先有准备，一旦发生事故就能及时实施救援。

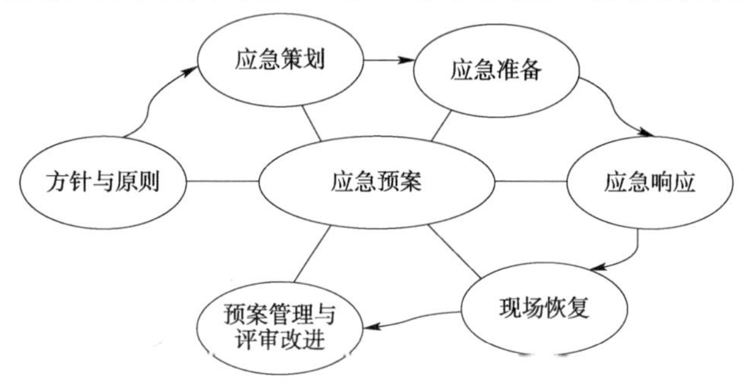

图 6-3　应急预案编制要素

2）应急策划

应急预案最重要的特点是要有针对性和可操作性。因而，应急策划必须明确预案的对象和可用的应急资源情况，即在全面系统地认识和评价所针对的潜在事故类型的基础上，识别出重要的潜在事故及其性质、区域、分布及事故后果，同时，根据危险分析的结果，分析评估企业中应急救援力量和资源情况，为所需的应急资源准备提供建设性意见。在进行应急策划时，应当列出国家、地方相关的法律法规，作为制定预案和应急工作授权的依据。因此，应急策划包括危险分析、应急能力评估（资源分析），以及法律法规要求等三个二级要素。

3）应急准备

主要针对可能发生的应急事件，应做好的各项准备工作。能否成功地在应急救援中发挥作用，取决于应急准备的充分与否。应急准备基于应急策划的结果，明确所需的应急组织及其职责权限、应急队伍的建设和人员培训、应急物资的准备、预案的演习、公众的应急知识培训和签订必要的互助协议等。

4)应急响应

企业应急响应能力的体现,应包括需要明确并实施在应急救援过程中的核心功能和任务。这些核心功能具有一定的独立性,又互相联系,构成应急响应的有机整体,共同完成应急救援目的。应急响应的核心功能和任务包括:接警与通知、指挥与控制、警报和紧急公告、通信、事态监测与评估、警戒与治安、人群疏散与安置、医疗与卫生、公共关系、应急人员安全、消防和抢险、泄漏物控制等。当然,根据企业风险性质的不同,需要的核心应急功能也可有一些差异。

5)现场恢复

现场恢复是事故发生后期的处理。比如泄漏物的污染问题处理、伤员的救助、后期的保险索赔、生产秩序的恢复等一系列问题。

6)预案管理与评审改进

强调在事故后(或演练后)的对于预案不符合和不适宜的部分进行不断的修改和完善,使其更加适宜于企业的实际应急工作的需要,但预案的修改和更新要有一定的程序和相关评审指标。

三、编制程序

企业应急预案编制程序包括成立应急预案编制工作组、资料收集、风险评估、应急能力评估、编制应急预案和应急预案评审6个步骤,如图6-4所示。

1)成立应急预案编制工作组

企业应结合本单位部门职能和分工,成立以单位主要负责人(或分管负责人)为组长,单位相关部门人员参加的应急预案编制工作组,明确工作职责和任务分工,制定工作计划,组织开展应急预案编制工作。

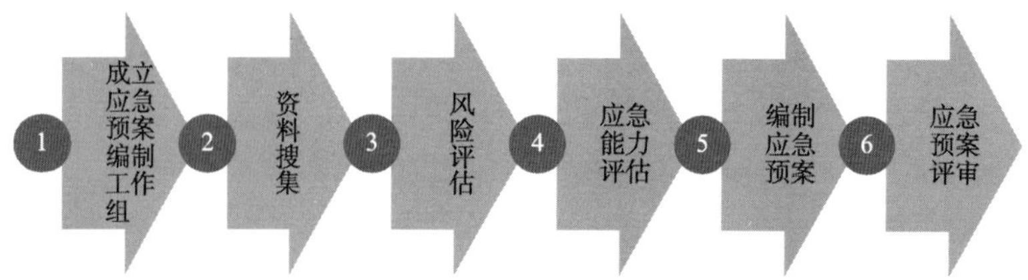

图6-4 应急预案编制流程图

2)资料收集

应急预案编制工作组应收集与预案编制工作相关的法律法规、技术标准、应急预案、国内外同行业企业事故资料,同时收集本单位安全生产相关技术资料、周边环境影响、应急资源等有关资料。

3)风险评估

主要内容包括:

(1)分析本单位存在的危险因素,确定事故危险源。

(2)分析可能发生的事故类型及后果,并指出可能产生的次生、衍生事故。

(3)评估事故的危害程度和影响范围,提出风险防控措施。

4)应急能力评估

在全面调查和客观分析生产经营单位应急队伍、装备、物资等应急资源状况基础上开展应急能力评估,并依据评估结果,完善应急保障措施。

5)编制应急预案

依据企业风险评估以及应急能力评估结果,组织编制应急预案。应急预案编制应注重系统性和可操作性,做到与相关部门和单位应急预案相衔接。

6)应急预案评审

应急预案编制完成后,应组织评审。评审分为内部评审和外部评审,内部评审由企业主要负责人组织有关部门和人员进行。外部评审由企业组织外部有关专家和人员进行评审。应急预案评审合格后,由企业主要负责人(或分管负责人)签发实施,并进行备案管理。

四、预案内容

企业应当根据有关法律、法规和《生产经营单位安全生产事故应急预案编制导则》(GB/T 29639—2013),结合本单位的危险源状况、危险性分析情况和可能发生的事故特点,制定相应的应急预案。

企业的应急预案体系主要由综合应急预案、专项应急预案和现场处置方案构成。企业应根据本单位组织管理体系、生产规模、危险源的性质以及可能发生的事故类型确定应急预案体系,并可根据本单位的实际情况,确定是否编制专项应急预案。风险因素单一的小微型生产经营单位可只编写现场处置方案。

综合应急预案是生产经营单位应急预案体系的总纲,主要从总体上阐述事故的应急工作原则,包括生产经营单位的应急组织机构及职责、应急预案体系、事故风险描述、预警及信息报告、应急响应、保障措施、应急预案管理等内容。

专项应急预案是生产经营单位为应对某一类型或某几种类型事故,或者针对重要生产设施、重大危险源、重大活动等内容而定制的应急预案。专项应急预案主要包括事故风险分析、应急指挥机构及职责、处置程序和措施等内容。

现场处置方案是生产经营单位根据不同事故类型,针对具体的场所、装置或设施所制定的应急处置措施,主要包括事故风险分析、应急工作职责、应急处置和注意事项等内容。生产经营单位应根据风险评估、岗位操作规程以及危险性控制措施,组织本单位现场作

业人员及安全管理等专业人员共同编制现场处置方案。

五、预案的修订

生产经营单位制定的应急预案应当至少每三年修订一次，预案修订情况应有记录并归档。有下列情形之一的，应急预案应当及时修订：

(1)生产经营单位因兼并、重组、转制等导致隶属关系、经营方式、法定代表人发生变化的。

(2)生产经营单位生产工艺和技术发生变化的。

(3)周围环境发生变化，形成新的重大危险源的。

(4)应急组织指挥体系或者职责已经调整的。

(5)依据的法律、法规、规章和标准发生变化的。

(6)应急预案演练评估报告要求修订的。

(7)应急预案管理部门要求修订的。

企业应当及时向有关部门或者单位报告应急预案的修订情况，并按照有关应急预案报备程序重新备案。

六、预案实施与管理

在《交通运输突发事件应急管理规定》中，交通运输部对于企业预案实施与管理提出了明确意见。包括如下几个方面：

(1)交通运输企业应当组织开展企业内交通运输突发事件危险源辨识、评估工作，采取相应安全防范措施，加强危险源监控与管理，并按规定及时向交通运输主管部门报告。

(2)交通运输企业应当建立应急值班制度，根据交通运输突发事件的种类、特点和实际需要，配备必要值班设施和人员。

(3)交通运输企业应当加强对本单位应急设备、设施、队伍的日常管理，保证应急处置工作及时、有效开展。

(4)交通运输突发事件应急处置过程中，交通运输企业应当接受交通运输主管部门的组织、调度和指挥。

从企业层面来看，交通运输企业应急预案的实施与管理主要涉及以下几个方面的具体工作。

(1)建立组织，明确职责。

企业应明确本企业应急组织形式，如领导小组、专家小组、现场处置小组等。应指明各级应急指挥机构的构成部门(单位)或人员，并明确每一级机构负责单位或人员和每一具体行动的负责人及替代关系，并尽可能以结构图的形式表示出来。

明确应急指挥机构的主要职责，以及总指挥和副总指挥的相应职责。企业视情可建立应急抢险专家库，以便指挥机构在必要时成立专家小组，为现场应急工作提供应急救援建议和技术支持。指挥机构的职责主要包括：研究政策、落实措施、批准预案、启动和终止预案、协调和指挥抢险、发布信息和组织演练等。应急指挥机构根据事故类型和应急工作需要，可以设置相应的专项应急处置工作小组，并明确各小组负责人和各小组的工作任务及职责。

(2)严密监控，科学预警，及时响应。

明确本企业对危险源监测监控的方式、方法，以及采取的预防措施。企业应针对可能发生的各类突发事件，完善预防与预警机制，开展安全风险评估，做到早发现、早报告、早处置并制定有效的预防措施。按职责开展安全监督、检查，坚决制止“三违”行为。对可能引发各类突发事件的预测、预警信息要及时上报。明确事故预警的条件、方式、方法和信息的发布程序。企业可通过搜集和研究可能导致安全生产突发事件的内部信息和外部信息，及早提示、预警并采取有效的应对措施，以预防事件的发生。

当发生突发事件时，应密切跟踪事态发展，做好应急准备工作,并向有关单位发布预警信息。当事件发展符合本级预案启动条件时立即发出启动本预案指令,按照预案程序和规定通知相关机构或部门立即进入应急工作状态。当事态发展,认为需要支持时应及时请求上一级应急救援指挥机构协调和指导。

根据本企业的组织结构、职能分配和所属单位情况,明确已划分各级别突发事件响应程序。包括明确各级别事件应急预案的启动条件、响应的基本原则、突发事件响应等级递进规定和响应过程的联系方式等,以及明确各响应等级的应急指挥、应急行动、资源调配、应急避险等响应程序。在制定响应程序时应当注意,如果超出本级应急处置能力时,要及时请求上一级应急指挥机构启动应急预案实施救援。

(3)及时上报,信息通畅。

各企业要建立、完善先进的应急通信系统,并做好平时的管理和维护工作,确保应急通信 24 小时畅通。明确企业 24 小时应急值守电话、事故信息接收和通报程序。包括公示企业全天候值班电话、明确员工报警的标准、方式、信号、相互认可的报告、报警形式和内容(避免误解)、应急反应人员向外求援的方式以及信息在事发企业与上一级企业和事发企业内部各级应急机构间的传递和处置等;报告内容包括常规信息、事件信息、人员信息、措施信息等。

明确事故发生后向上级主管部门和地方人民政府,以及有关单位报告事故信息的流程、内容和时限。当突发事件发生后,企业在视情启动应急预案的同时,应按照有关规定及时如实向上一级企业和当地政府或主管部门报告,不得迟报、谎报、瞒报和漏报。报告内容主要包括时间、地点、信息来源、事件性质、危害程度、事件发展趋势和已经采取的措施等。

(4)合理配员,保障物资及经费。

明确各类应急响应的人力资源,包括专业应急队伍、兼职应急队伍的组织与保障方案。企业应按照各行业有关规定配备应急救援队伍,以专职和兼职应急救援队伍为基础,加强应急队伍业务培训和演练,强化全员应急能力建设。加强对外交流和与合作,不断提高本企业应急队伍综合素质。

明确应急救援需要使用的应急物资和装备的类型、数量、性能、存放位置、管理责任人及其联系方式等内容。明确应急专项经费来源、使用范围、数量和监督管理措施,保障应急状态时企业应急经费的及时到位。

(5)强化训练,及时更新。

明确对本企业人员开展的应急培训计划、方式和要求。企业每年应按照有关规定结合本单位实际情况制定应急培训计划,对全体员工进行应急培训教育(包括应急预防、避险、避灾、自救、互救等有关应急综合素质培训)。应急指挥机构负责制定专职或兼职应急人员培训计划,并列入各级行政管理培训课程计划。如果预案涉及社区和居民,要做好宣传教育和告知等工作。

明确应急演练的规模、方式、频次、范围、内容、组织、评估、总结等内容。企业各级应急指挥机构应结合本单位的实际情况按照国际公约、法规及有关规定,定期或不定期组织应急演习以保证各级应急预案的有效实施,如应规定每年至少进行一次专项应急演练。要做好应急演练的组织、策划、实施工作,并做好演练结束后的总结评估及改进等各项工作。演练的总结和评估要向上一级单位报告。

明确应急预案维护和更新的基本要求,定期进行评审,实现可持续改进。本预案所依据的公约、法律法规、所涉及的机构和人员发生重大改变或在执行中发现存在重大缺陷时,本企业应及时组织修订,定期组织对本预案进行评审。并将预案纳入企业的日常管理规章,并接受有关机构的监督、审核和检查,不断自我改进。当本预案有变动时,应重新向上一级单位和主管机构报备。

此外，在应急预案的实施过程中，应明确事故应急救援工作中奖励和处罚的条件和内容。企业突发事件应急处置工作，应实行行政领导负责制和责任追究制。对突发事件应急管理工作中做出突出贡献的先进集体和个人要给予表彰和奖励。对迟报、谎报、瞒报和漏报突发事件重要情况或者应急管理工作中有其他失职、渎职行为的，按照企业有关规定对有关责任人给予行政处分。构成犯罪的移送司法机关依法追究刑事责任。

第三节 应急管理

一、应急队伍

❶ 应急队伍建设基本要求

企业应按照实际情况，设置安全生产应急管理机构，设置专职或兼职应急管理人员，建立由本单位职工组成的专职或兼职应急救援队伍，建立应急管理工作制度。

应急救援队伍建设应按照“统一指挥，协同作战，分级负责”的原则，纳入行业应急救援体系统一调度、作战和训练，做到“三定一有”，即定指挥、定人员、定制度，有保障。

1）定指挥

道路运输企业选择责任性强、业务精的分管领导担任应急救援指挥，具体负责救援队伍的日常培训、演练等工作。

2）定人员

选择综合素质高、身体条件好、反应速度快、适应能力强的人员作为企业专业应急救援队伍，做到人员相对固定，并登记在册。

3）定制度

从应急管理、应急指挥的实际需要出发,就应急救援队伍的“责任主体、组建形式、人员构成、工作程序和综合保障”等作出明确规定,保证应急管理工作步入制度化、规范化轨道。

4)有保障

要加强安全保障方面的投入,配备必要的安全防护器材和设备,最大限度地保护各类应急行动参与人员的安全。主动为一线专业应急人员购置必要的人员伤害保险,解决其参与应急救援活动后顾之忧。

❷ 应急救援人员培训管理

企业应定期对应急队伍开展应急救援相关培训和训练,提高其应急反应和应急救援能力。

1)应急培训的原则和范围

为提高应急救援人员的技术水平与应急救援队伍的整体能力,以便在道路运输事故的应急救援行动中,达到快速、有序、有效的效果,经常性地开展应急救援培训训练或演习应成为应急救援队伍的一项重要的日常性工作。应急救援培训与演习的指导思想应以加强基础、突出重点、边练边战、逐步提高为原则。

应急培训与演习的基本任务是锻炼和提高道路运输应急救援队伍在突发事故情况下的快速抢险、及时营救伤员,正确指导和帮助群众防护或撤离,有效消除危害后果、开展现场急救和伤员转送等应急救援技能和应急反应综合素质,有效降低事故危害,减少事故损失。

应急培训的范围应包括,企业全员的培训和专业应急救援队伍的培训。

2)应急培训的基本内容

基本应急培训是指对参与应急行动所有相关人员进行的最低限度的应急培训,要求应急人员了解和掌握如何识别危险、如何采取必要的应急措施、如何启动紧急情况警报系统、如何安全疏散人群等基本操作，尤其要加强火灾应急培训以及危险物质事故应急的培训。因为旅客滞留、火灾和撞车、翻车事故是常见的事故类型。因此，培训中要加强与灭火操作有关的训练，强调不同情形道路运输安全事故的不同应急水平和注意事项等内容，主要包括以下几方面：

(1)报警。

(2)疏散。

(3)火灾应急培训。

(4)不同水平应急者培训。

3)训练和演习类型

应急演习可以根据不同的标准分类。根据演习规模可以分为桌面演习、功能演习和全面演习，根据演习的基本内容不同可以分为基础训练、专业训练、战术训练和自选科目训练。具体可参照进行评价。

(1)基础训练。基础训练是应急队伍的基本训练内容之一，是确保完成各种应急救援任务的基础。基础训练主要包括队列训练、体能训练、防护装备和通信设备的使用训练等内容。训练的目的是使应急人员具备良好的战斗意志和作风，熟练掌握个人防护装备的穿戴、通信设备的使用等。

(2)专业训练。专业技术关系到应急队伍的实战水平，是顺利执行应急救援任务的关键，也是训练的重要内容，主要包括专业常识、疏散、抢运、现场急救等，涉及危险货物的还有堵源技术和清消等技术。通过专业训练可使救援队伍具备一定的救援专业技术，有效地发挥救援作用。

(3)战术训练。战术训练是救援队伍综合训练的重要内容和各项专业技术的综合运用，是提高救援队伍实战能力的必要措施。战术训练可分为班(组)战术训练和分队战术训练。通过训练,可使各级指挥员和救援人员具备良好的组织指挥能力和实际应变能力。

(4)自选科目训练。自选科目训练可根据各自的实际情况,选择开展如火灾、交通事故、综合演练等项目的训练,进一步提高救援队伍的救援水平。救援队伍的训练可采取自训与互训相结合:岗位训练与脱产训练相结合,分散训练与集中训练相结合的方法。在时间安排上,应有明确的要求和规定。为保证训练有素,在训练前应制定训练计划,训练中应组织考核,演习完毕后应总结经验,编写演习评估报告,对发现的问题和不足应予以改进并跟踪。

二、应急装备

企业应当按照有关规划和应急预案的要求,根据应急工作的实际需要,建立健全应急装备和应急物资储备、维护、管理和调拨制度,储备必需的应急物资和运力,配备必要的专用应急指挥交通工具和应急通信装备,并定期对应急物资装备进行检查和维护,确保其处于正常使用状态。应急救援包,如图 6-5 所示。

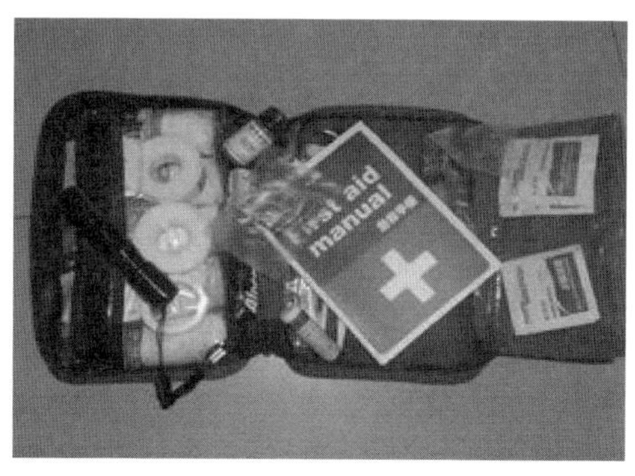

图 6-5　应急救援包

三、应急预案实施与演练

企业发生事故后，企业及时启动应急预案，组织有关力量进行救援，采取相应应急措施对现场进行处置，减少人员伤亡和财产损失，并按照规定将事故信息及应急预案启动情况报告有关部门。

企业应当制定本单位的应急预案演练计划，根据本单位的事故预防重点，每年至少组织一次综合应急预案演练或者专项应急预案演练，每半年至少组织一次现场处置方案演练。

❶ 应急演练的定义

应急演练指针对情景事件，按照应急预案而组织实施的预警、应急响应、指挥与协调、现场处置与救援、评估总结等活动。情景事件指针对生产经营过程中存在的危险源或危险、有害因素而设定的突发事件。

应急演练是对实际突发事件应急救援过程的模拟，包括常规的应急处置流程和设定的关键事件等，其目的是为了检验应急预案、应急装备、应急基础设施、后勤保障等。通过演练，一是检验预案的实用性、可用性、可靠性；二是取得实战经验以修改应急预案的缺陷与不足，提高预案可操作性；三是检验员工是否明确自己的职责和应急行动程序，以及反映应急队伍的协同反应水平和实战能力；四是提高人们避免事故、防止事故、抵抗事故的能力，提高对事故的警惕性。

❷ 应急演练分类

按照应急演练的内容，可分为综合演练和专项演练；按照演练的形式，可分为现场演练和桌面演练；按照演练的目的，可分为检验性演练、研究性演练。

1)综合演练

根据情景事件要素,按照应急预案检验包括预警、应急响应、指挥与协调、现场处置与救援、保障与恢复等应急行动和应对措施的全部应急功能的演练活动。

2)专项演练

根据情景事件要素,按照应急预案检验某项或数项应对措施或应急行动的部分应急功能的演练活动。

3)现场演练

选择(或模拟)生产建设某个工艺流程或场所,现场设置情景事件要素,并按照应急预案组织实施预警、应急响应、指挥与协调、现场处置与救援等应急行动和应对措施的演练活动。

4)桌面演练

设置情景事件要素,在室内会议桌面(图纸、沙盘、计算机系统)上,按照应急预案模拟实施预警、应急响应、指挥与协调、现场处置与救援等应急行动和应对措施的演练活动。

5)检验性演练

不预先告知情景事件,由应急演练的组织者随机控制,参演人员根据演练设置的突发事件信息,按照应急预案组织实施预警、应急响应、指挥与协调、现场处置与救援等应急行动和应对措施的演练活动。

6)研究性演练

为验证突发事件发生的可能性、波及范围、风险水平以及检验应急预案的可操作性、实用性等而进行的预警、应急响应、指挥与协调、现场处置与救援等应急行动和应对措施的演练活动。

❸ 应急演练的基本内容

1)预警与通知

接警人员接到报警后,按照应急预案规定的时间、方式、方法和途径,迅速向可能受到突发事件波及区域的相关部门和人员发出预警通知,同时报告上级主管部门或当地政府有关部门、应急机构,以便采取相应的应急行动。

2)决策与指挥

根据应急预案规定的响应级别,建立统一的应急指挥、协调和决策机构,迅速有效地实施应急指挥,合理高效地调配和使用应急资源,控制事态发展。

3)应急通信

保证参与预警、应急处置与救援的各方,特别是上级与下级、内部与外部相关人员通信联络的畅通。

4)应急监测

对突发事件现场及可能波及区域的气象、有毒有害物质等进行有效监控并进行科学分析和评估,合理预测突发事件的发展态势及影响范围,避免发生次生或衍生事故。

5)警戒与管制

建立合理警戒区域,维护现场秩序,防止无关人员进入应急处置与救援现场,保障应急救援队伍、应急物资运输和人群疏散等的交通畅通。

6)疏散与安置

合理确定突发事件可能波及区域,及时、安全、有效地撤离、疏散、转移、妥善安置相关人员。

7)医疗与卫生保障

调集医疗救护资源对受伤人员合理验伤并分级,及时采取有效的现场急救及医疗救护措施,做好卫生监测和防疫工作。

8)现场处置

应急处置与救援过程中,按照应急预案规定及相关行业技术标准采取的有效技术与安全保障措施。

9)公众引导

及时召开新闻发布会，客观、准确地公布有关信息，通过新闻媒体与社会公众建立良好的沟通。

10）现场恢复

应急处置与救援结束后，在确保安全的前提下，实施有效洗消、现场清理和基本设施恢复等工作。

11）总结与评估

对应急演练组织实施中发现的问题和应急演练效果进行评估总结，以便不断改进和完善应急预案，提高应急响应能力和应急装备水平。

12）其他

根据相关行业（领域）安全生产特点所包含的其他应急功能。

❹ 应急演练计划

1）应急演练计划的内容

针对道路运输企业安全生产特点对应急演练活动进行整体规划，编写应急演练年度计划，内容通常包括：演练的目的、类型、形式、时间、地点、内容、参与演练的部门、人员、演练经费预算等，如图6-6所示。

图6-6　应急救援演练

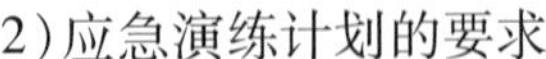

2)应急演练计划的要求

应急演练计划应以道路运输企业安全生产应急预案为基本依据，针对可能发生的突发事件，着重提高初期应急处置和协同救援的能力。演练频次应满足应急预案的规定，演练范围应有一定的覆盖面。

❺ 应急演练的实施

1)熟悉演练方案

应急演练领导小组正、副组长或成员召开会议，重点介绍有关应急演练的计划安排，了解应急预案和演练方案，做好各项准备工作。

2)安全措施检查

确认演练所需的工具、设备、设施以及参演人员到位。对应急演练安全保障方案以及设备、设施进行检查确认，确保安全保障方案的可行性，安全设备、设施的完好性。

3)组织协调

应在控制人员中指派必要数量的组织协调员，对应急演练过程进行必要的引导，以防出现发生意外事故。组织协调员的工作位置和任务应在应急演练方案中作出明确的规定。

4)紧张有序开展应急演练

应急演练总指挥下达演练开始指令后，参演人员针对情景事件，根据应急预案的规定，紧张有序地实施必要的应急行动和应急措施，直至完成全部演练工作。

❻ 应急演练的评估和总结

应急预案演练结束后，企业应当对应急预案演练效果进行评估，撰写应急预案演练评估报告，分析存在的问题，并对应急预案提出修订意见。

1)应急演练评估

应急演练的评估必须在应急演练结束后立即进行。应急演练组织者、控制人员和评估人员以及主要演练人员应参加评估会。

评估人员对应急演练目标的实现情况、参演队伍及人员的表现、应急演练中暴露的主要问题等进行讲评，并出具评估报告。对于规模较小的应急演练，评估也可以采用口头点评的方式。

2）应急演练总结

应急演练结束后，评估组汇总评估人员的评估总结，撰写评估总结报告，重点对应急演练组织实施中发现的问题和应急演练效果进行评估总结，也可对应急演练准备、策划等工作进行简要总结分析。

应急演练评估总结报告通常包括以下内容：

（1）本次应急演练的背景信息。

（2）对应急演练准备的评估。

（3）对应急演练策划与应急演练方案的评估。

（4）对应急演练组织、预警、应急响应、决策与指挥、处置与救援、应急演练效果的评估。

（5）对应急预案的改进建议。

（6）对应急救援技术、装备方面的改进建议。

（7）对应急管理人员、应急救援人员培训方面的建议。

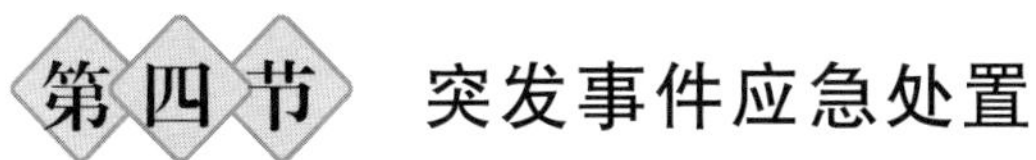

第四节　突发事件应急处置

一、突发事件的定义

突发事件，是指突然发生，造成或者可能造成严重社会危害，

需要采取应急处置措施予以应对的自然灾害、事故灾难、公共卫生事件和社会安全事件。

突发事件一般依据突发事件可能造成的危害程度、波及范围、影响力大小、人员及财产损失等情况，由高到低划分为特别重大(Ⅰ级)、重大(Ⅱ级)、较大(Ⅲ级)、一般(Ⅳ级)四个级别，并依次采用红色、橙色、黄色、蓝色来加以表示。

突发事件具有如下共同特征：

1)突发性

突发性是突发事件的主要特征，突发事件能否发生，于何时、何地、以何种方式爆发以及爆发的程度等情况，人们都始料未及，难以准确把握。突发事件从始至终都处于不断变化过程当中，往往毫无规则，不能事先准确预测和确定，使突发事件预防机制的建立困难重重。

2)紧迫性

突发事件的发生突如其来或者只有短时预兆，事态发展迅速，必须立即采取非常态的紧急措施加以处置和控制，否则将会造成更大的危害和损失。

3)严重性

突发事件的发生往往会导致人员伤亡、财产损失和环境破坏，具有较大危害，而且这种危害还体现在社会公众领域，事件本身会迅速引起公众关注，进而渗透到社会的各个层面，造成公众心理恐慌和社会秩序混乱。突发事件的危害范围和破坏力越大，造成的影响和后果就越严重。

4)社会性

突发事件起因千差万别，如地震、火灾、瘟疫、暴乱等等，但其作用对象不是个人，而是社会公众，至少是一个特定单位或区域内的一群人。因此，防范突发事件需要公众支持和参与。

在道路运输企业中，突发事件一般有道路运输事故、自然灾害事件、危险化学品道路运输事故、客运站旅客滞留、火灾等。

二、突发事件应对要求

突发事件的应对应遵从以下原则:

以人为本,减轻危害;统一领导,分级负责;社会动员,协调联动;属地先期处置;依靠科学,专业处置;鼓励创新,迅速高效。

❶ 健全落实应急制度

道路运输企业要加快应急管理的制度的制定。由于突发事件的不确定性,要把应急管理纳入规范化、制度化、法制化轨道,跟上突发事件的发展要求。确保突发事件应急人员、装备、资源、通信、应急预案的落实。

❷ 提高员工危机意识和应急能力

加强员工应急知识和相关法律法规的培训学习,提高安全意识和自救、互救能力。

❸ 应急队伍

建立专业的或兼职的应急救援队伍,联合培训、联合演练,提高协同应急能力。

❹ 应急装备

应急装备是用于应急管理与应急救援的工具、器材、服装、技术力量等。如消防车、监测仪、防化服、隔热服等。它们是应急救援的有力武器与重要保障,通过应急装备可以高效处置事故、保障相关人员生命安全、减少财产损失、维护社会稳定。

❺ 应对保障

主要包括:物资储备保障、经费保障、通信保障。

❻ 隐患、危险源调查和监控

突发事件发生前的预防是突发事件管理的重点，预防是突发事件管理中最简便、成本最低的方法。做好监测、预测工作，及时收集各种信息，并对这些信息进行分析、辨别，有效觉察潜伏的危机，对危机的后果事先加以估计和准备，预先制定科学而周密的危机应变计划，对危机采取果断措施，为危机处理赢得主动，从而预防和减少自然灾害、事故灾难、公共卫生和社会安全事件及其造成的损失，人民群众生命财产安全，维护社会稳定发展。

❼ 应急预案

应急预案应针对各级各类可能发生的事故和所有危险源制定专项应急预案和现场应急处置方案，并明确事前、事发、事中、事后的各个过程中相关部门和有关人员的职责。制定完善的应急预案对应急管理工作有着重要指导作用，能以最快的速度发挥最大的效能，有序实施救援，尽快控制事态发展，降低紧急事件造成的危害，减少事故损失和人员伤亡。

❽ 应急演练

应急演练是指针对情景事件，按照应急预案而组织实施的预警、应急响应、指挥与协调、现场处置与救援、评估总结等活动。通过应急演练，检验预案的实用性、可用性、可靠性；取得实战经验以修改应急预案的缺陷与不足，提高预案可操作性；检验员工是否明确自己的职责和应急行动程序，以及反映应急队伍的协同反应水平和实战能力；提高人们避免事故、防止事故、抵抗事故的能力，提高对事故的警惕性。

❾ 加强协调

加强协调，积极配合，对突发事件迅速作出反应。道路运输企业应该建立突发事件应急反应机制，明确各部门的职责，将部门协调行动制度化，以保障各部门和领导在第一时间对危机作出判断，迅速反应，政令畅通，各部门协调配合，临事不乱。各部门要树立大局意识和责任意识，不仅要加强本部门的应急管理，落实好自己责任范围内的专项预案，还要按照总体应急预案的要求，做好纵向和横向的协同配合工作。

三、突发事件应急处置流程

道路运输企业对于突发事件一般遵从以下处理流程：

（1）首要任务就是控制和遏制事故，防止事故扩大，减少人员伤害或财产损失。

（2）将突发的事件情况或紧急状态迅速通知企业相关安全人员。

（3）及时向上级部门和当地人民政府报告，取得政府主管部门和专业救援机构的指导和支持，积极配合专业的应急救援机构的工作，尽量减少人员伤亡和财产损失。

（4）关闭、转移、隔离相关的危险设施设备或系统。

（5）紧急状态关键时期，授权披露有关信息，指定一名高级管理人员作为该信息的唯一出处，防止发生信息误导。

四、应急处置措施

❶ 现场人员的应急处置

1）停止生产经营活动，采取措施防止事故扩大

如在道路上发生交通事故后，车辆必须首先采取制动措施停车，避免交通事故损害的进一步扩大，也有利于交通事故的处理和现场证据的固定。

2)及时报案

事故发生后,属于超过一般事故等级的需向政府上报的事故,应即通知110和122,如有人员伤亡还应通知急救中心120,同时报告所属单位及相关管理部门,并及时组织抢救伤员。

3)保护事故现场

如在发生道路交通事故时,要注意保护现场,有利于查清事故原因和认定相关方的责任。事故现场的范围通常是指机动车采取制动措施时的地域至停车的地域,以及受害人行进、终止的位置。对于未造成人员伤亡的交通事故,当事人对事实及成因无争议的,可立即撤离现场或者报告公安交通管理部门。

4)立即抢救伤员

如在发生道路交通事故时,机动车驾驶员发现受害人受伤,应立即抢救伤员。紧急情况下,可拦截过往车辆或事故车辆直接将伤员送往医院,但注意保护好现场和有关证据。

事故发生后,如果有多人受伤,要先救命,后治伤,先救重伤员,再救轻伤员。抢救过程中要注意以下几点:

(1)尽快把受伤者救离事故现场,尽量选择救护车能够接近的安全地点实施抢救。

(2)受伤者在车内无法自行下车时,可设法将其从车内抱出,尽量避免二次受伤。

(3)对伤员全身做一次检查,分清伤情,注意隐蔽性损伤,如脑出血、腹内脏器出血等。

(4)不要急于将伤员送往医院,防止由于一些致命伤没有被发现,在搬运时加重伤势,运送途中死亡。

(5)抢救人员要沉着,从车中移出伤员或搬运伤员时不要生拉硬扯,动作要轻柔。

(6)如发现伤员心脏停止跳动,立即实施人工呼吸和胸外心脏按压。

(7)尽可能用救护车运送伤员,可以让伤员平卧,减少运送途中的再次损伤。

❷ 事故单位的现场处置

(1)事故单位在公安、消防、卫生等专业抢险力量到达现场前,应启动本单位应急预案,立即组织有关应急救援队伍和工作人员营救遇险人员,疏散、撤离、安置受到威胁的人员,控制危险源,标明危险区域,封锁危险场所,并采取其他防止危害扩大的必要措施,妥善保管有关物证,并按照规定及时报告。

当上级政府、部门负责现场指挥救援工作时,事故单位应积极听从指挥,做好抢险救援、现场取证、道路引领、后勤保障、秩序维护等协助处置工作。

(2)事故发生地有关地方人民政府、安全生产监督管理部门和负有安全生产监督管理职责的有关部门接到事故报告后,其负责人应当立即赶赴事故现场,组织事故救援。

(3)事故发生后,有关单位和人员应当妥善保护事故现场以及相关证据,任何单位和个人不得破坏事故现场、毁灭相关证据。

因抢救人员、防止事故扩大以及疏通交通等原因,需要移动事故现场物件的,应当作出标志,绘制现场简图并作出书面记录,妥善保存现场重要痕迹、物证。

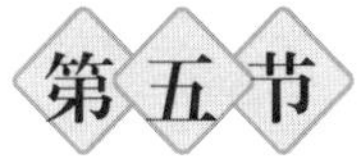

第五节 常见的突发事件处理方法

道路运输过程中,驾驶员在关键时刻掌握一些应对紧急情况的措施,可在很大程度上降低紧急情况下可能带来的危害;一旦发生事故,及时和正确地进行事故报告和事故现场处理,是防止事故危害扩大、人员伤亡财产损失增加的重要保障;掌握事故后的脱困方法，可以为自身和押运员和其他人员争取最大的生存机会；有效应对自身和其他人员的突发事故，可以使危险货物的运输过程更加平安通畅。

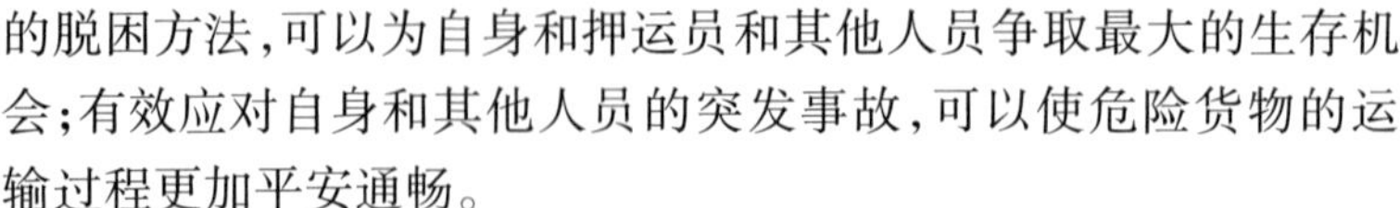

一、常见紧急情况的处置原则和方法

车辆行驶中由于各种原因，往往会出现一些意想不到的紧急情况，如转向失控、制动失效、轮胎爆裂等，增加了行车中的风险。因此如果驾驶员的应急处置方法得当，可在关键时刻化险为夷，转危为安。而错误的操作会增加后果的严重性，因此掌握紧急情况下的事故处理方法至关重要。

❶ 紧急情况下的应急处置原则

当车辆发生紧急情况时，驾驶员头脑冷清、机智沉着，迅速作出判断，果断采取措施。在采取措施时，应掌握一定的应急处置原则。

1）迅速传递危险信号

当车辆发生紧急情况时，驾驶员应及时把危险信号传递出去，提醒其他行人、车辆注意避让。传递危险信号的方式为打开危险报警闪光灯、鸣喇叭、安全警告牌或挥手示意等。

2）避重就轻

发生紧急情况且损失不可避免时，应尽量避开损失较重或危害较大的一方，向着损失较小或危害较小的一方避让。

3）人命比钱财重要

发生紧急情况且人或物、车辆等将面临损失时，应先考虑人的安全。在危险时刻发生时，必须确保人身安全，在人员安全的前提下才可以考虑救援财产，对于运输的危险货物具有较大毒性和危害性的，必须对周边的人员讲解说明。

❷ 紧急情况的经济处置方法

1)制动失效

在行车中突然发现制动失效时,驾驶员应开启危险报警闪光灯或四角灯并尽快停车。普通车辆应快速把挡位降至低挡,但应注意避免发动机熄火;装有发动机排气制动器或减速器的车辆可以利用上述辅助制动装置减速;同时,观察行车地形条件,利用坡道或天然障碍物辅助停车。如果车辆行驶在临崖、桥梁和盘山公路上时,驾驶员应手握稳转向盘,避免坠崖、落水等危险情况发生。

制动失效应急处置口诀:

制动失效别发怵,抢挂低挡减车速。

控制方向是关键,闪光报警别疏忽。

利用地形障碍物,剐蹭碰撞把车驻。

2)转向失控

车辆在长直线路段转向失控时,驾驶员应当尽快减速,并选择安全地点停车。避免使用紧急制动减速停车,以防车辆甩尾侧滑。

在弯道、山路等特殊路段发生转向失控时,驾驶员要立即抬加速踏板,将车辆及时停下来,以防车辆冲出路面或与其他车辆发生碰撞。

转向失控应急处置口诀:

转向失控别受惊,减速停车避险情。

山路弯道极险段,紧急停车消隐患。

3)车辆爆胎

车辆爆胎时,驾驶员应握稳转向盘,尽量控制车辆方向,并轻踩制动踏板,让尾货运输车辆缓慢停下来。前轮爆胎时,驾驶员应双手用力控制转向盘,全力控制住行驶方向,切不可紧急制动

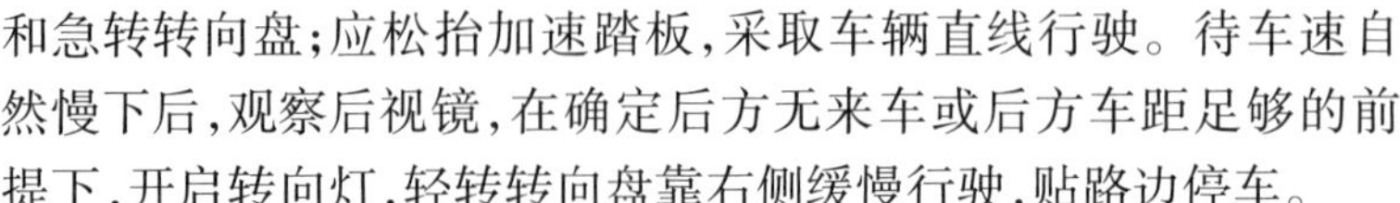

和急转转向盘;应松抬加速踏板,采取车辆直线行驶。待车速自然慢下后,观察后视镜,在确定后方无来车或后方车距足够的前提下,开启转向灯,轻转转向盘靠右侧缓慢行驶,贴路边停车。

车辆爆胎应急处置口诀:

轮胎爆裂莫慌张,断续制动稳转向。

车速减慢观视镜,开启车灯靠右停。

4)车辆侧滑

因车辆侧滑而引发的事故占事故总数的比例很大,且常造成碰撞、翻车、掉沟等恶性交通事故。在冰雪、湿滑和砂石等路面上空挡滑行、猛转转向盘、紧急制动和加速及车辆重心过高等都极易造成车辆侧滑。车辆发生侧滑时,驾驶员应及时果断地结合车辆所处的行驶环境采取相应的应急措施。当车辆发生侧滑时,驾驶员应避免猛转方向和紧急制动,而应立即松抬加速踏板,同时稍向侧滑的一方转动转向盘,使车身摆正,再及时回转转向盘,稳住车辆方向,恢复正常行驶状态或靠边停车。

车辆侧滑应急处置口诀:

发生侧滑不可怕,措施得当莫抓瞎。

解除制动是关键,制动踏板松到家。

急打转向正车身,哪边侧滑哪边打。

见到效果就回轮,有惊无险人人夸。

5)发动机熄火

发动机熄火时,应转动点火开关,尝试重新起动。起动成功后不要贸然继续行驶,应立即靠边停车检查,排除隐患后再行驶。若重新起动不成功,驾驶员应打开转向灯,利用车辆的惯性靠边停车检修。

发动机熄火应急处置口诀:

突然熄火很危险,给油起动紧相连。

侥幸起动能开走,靠边停车查隐患。

若是起动不成功,利用惯性靠路边。

6)车辆起火

车辆起火初期,是最佳的灭火时机,随着火势的增大可能将易燃易爆的危货品引燃,造成程度更深的火灾爆炸。在起火时,驾驶员必须冷静果断地判明失火部位及起火大小、货物是否被引燃,并根据实际状况采取相应的灭火措施。

(1)发动机起火。当车辆发动机出现冒烟等异常情况时,驾驶员应迅速停车,切断电源,取下随车灭火器和押运人员一起对准起火部位进行扑灭,双人确认无误后才可停止,禁止开启发动机舱盖灭火。

(2)车厢储罐货物起火。车厢或者储罐内的易燃物质着火时,驾驶员应将车辆驶离重点要害地点(人员较多区域)以及来往车辆密集区域,立即停车并迅速报警。同时,可以取下车内配备灭火器尝试进行灭火行动。一般此类火灾较大,依靠驾驶员及随车灭火设施很难扑灭,此时应马上疏散附近群众,并警告来往车辆注意停车避让远离危险区域以防止发生爆炸事故,造成无辜群众伤亡,使灾害进一步扩大,并在此过程中报警,需求救援力量,及时扑灭火灾事故,尽量避免爆炸事故。

(3)驾驶舱起火。驾驶舱内的易燃物质着火时,驾驶员应将车辆驶离重点要害地点(人员较多区域)以及来往车辆密集区域(可在此过程中有押运员进行车内灭火)立即停车并迅速报警,同时可以取下车内配备灭火器进行灭火行动。一般此类火灾不大,依靠驾驶员和押运人员可以将火灾扑灭,主要是注意在此期间不要因车辆位置不当、车内人员误操作而导致与其他车辆相撞。必须避免驾驶舱内的火灾事故导致车厢或罐的着火。

车辆起火应急处置口诀:

车辆起火要冷静,失火部位要分清。

灭火器材正确用,上风占位遏火情。

7)与其他车辆、人员发生剐蹭碰撞

在行车过程中发生与其他车辆或与行人的剐蹭碰撞事故,应尽量将车停靠在安全区域,查看车辆的受损程度及人员的伤亡状况。在无人员伤亡时,以车辆的维护为主,在熟悉车辆运输危险货物化学特性和物理特性的前提下,有针对性地采取防护措施,并在车辆放置区域前后一定距离放置安全警示牌。在有人员伤亡的前提下,应将人员的救援放在第一位,及时拨打救援电话,联系可靠的救援力量,对受伤人员进行简单的包扎,并在可行的状态下,将受伤人员脱离危险区域。对车辆货物人员做一个简单的判断,设立相应警示标志。

二、事故现场的处理步骤、原则和方法

驾驶员在道路运输过程中的处置方法基本可以按照立即停车、正确处置现场、及时报告事故三个步骤进行,每一个步骤包含着不同的内容。

❶ 立即停车

发生交通事故的车辆必须立即停车,关闭发动机,切断电源,拉紧驻车制动器。为防止引发二次事故或造成交通堵塞,驾驶员立即开启危险报警闪光灯,并在来车方向放置安全警示警告标志。

❷ 正确处置现场

发生交通事故后,最重要的是保护行车人员和危险货物的安全,正确处置现场对于减少人员伤亡和财产损失至关重要。因此,驾驶员和押运员应掌握正确处置事故现场的一些基本原则。

1)及时疏散现场人员的原则

危险货物运输车辆在道路上发生交通事故,要立即将车辆转移到应急安全地带,并在车辆停放区前后一定距离放置安全警示标志,并将相关人员疏散,驾驶员和其他人员在无关情况下躲避至安全区域。在安全的状况下可以进行疏导交通,避免造成交通拥堵或发生二次碰撞事故。

2)救助伤员的原则

切记随意移动、拉拽、摇晃伤员,尤其是被车辆、物品等压住身体的伤员,避免对伤员造成二次伤害。

伤员伤情较重,急需救治时,应向过往车辆求助,送至最近的医院抢救,或立即拨打急救电话,等待医疗救护。

无过往车辆或在医务人员到来之前,可根据伤员的伤情科学施救,对伤员进行伤口包扎、止血等护理;若不懂救护知识,应耐心等待医护人员到来进行施救。

现场由于危险货物泄漏、火灾等可能发生爆炸或剧毒物品泄漏时,应采取正确的搬运方式,及时将伤员转移到安全地带。

3)保护货物的原则

若无人员伤亡,应迅速抢救物资和车辆,如属有投保的贵重危险货物,应及时通知保险公司和公安武警,在公安机关交通管理部门对事故现场做完勘测和鉴定,对所载货物核实完重量、体积及货物损失后,及时将货物转移到安全地带。

4)保护现场的原则

注意保护现场,不破坏、伪造现场,同时制止他人破坏、伪造现场。

需要变动事故现场时,应当标记被移动的伤员、车辆、物品等的原始位置或进行拍照。

当遇到下雨、下雪或刮风等情况,可能对现场造成破坏时,可用其他可用物品将现场的车痕、制动印痕、血迹等遮盖起来。

当有剧毒、爆炸物品泄漏时,要在泄漏区域进行警示,严禁无关人员进入。

❸ 及时报告事故

驾驶员在运输过程中发生事故,应立即如实向有关单位和部门报告,不得隐瞒交通事故真实情况,更不得肇事后逃逸。根据事故造成的不同后果,事故的报告程序也不同。

1)未造成人员伤亡,造成较小财产损失的事故

驾驶员应立即报告本单位安全生产管理部门或安全生产负责人,请求派人赶赴现场处理。安全生产管理人员无法立即赶赴现场时,驾驶员可与对方协商解决。若协商不成功,应拨打122,由公安机关交通管理部门处理,并立即将处理结果报告给单位安全生产管理部门或安全生产负责人。

2)未造成人员伤亡、财产损失的事故

驾驶员应立即报告本单位负责人,请求负责人赶赴现场协商处理。若协商不成功,应拨打122,由公安机关交通管理部门处理。

3)造成人员伤亡的事故

发生事故后,驾驶员立即拨打122,报告给公安机关交通管理部门,等候公安机关交通管理部门处理;另一方面拨打120,通知医疗救护单位进行人员急救。同时,立即报告单位负责人,请求单位负责人立即赶往现场协助处理。情况紧急或事故造成大量人员伤亡时,驾驶员可直接向事故发生地县级人民政府安全生产监督管理部门及负有安全生产监督管理职责的有关部门报告。

另外,如果事故现场出现火花、爆炸事故,在自行扑救的同时,还应立即向消防部门报案,请求援助。报告的对象和内容,如表6-1所示。

发生交通事故后应报告的对象和内容 表6-1

应报告的对象	应报告的内容
公安交通管理部门	事故发生的地点、时间;人员伤亡状况;事故相关车辆类型、车辆牌号,是否具有危险物品、危险物品的种类等;肇事者为其他交通参与者,其肇事后逃逸的,还应当报告肇事车辆的车型、颜色、特征及其逃逸方向、逃逸驾驶员的体貌特征等有关情况;个人具体信息;其他被询问的情况
车主或所属单位	事故发生的时间、地点及事故现场情况;事故的简要经过;事故已经造成或可能造成的伤亡人数和初步估计经济损失;事故后采取的措施、失控控制状况;其他应当报告的具体信息
消防部门	火灾发生的详细地址、时间;火势情况及已经采取的灭火措施;发生火灾的周围环境状况,交通、建筑、现场周边环境等;火灾类型、主要燃烧物及火灾现场周围有无易燃物、易爆、有毒等危险品;个人具体信息;其他有关补充
负有安全生产监督管理部门职责的有关部门	事故发生单位概况;事故发生的时间、地点及事故现场状况;事故的简要经过;事故已经造成或可能造成的人员伤亡和初步估计的直接经济损失;已采取的救援措施;其他

三、事故自救、脱困方法

驾驶员、押运员一定要学会事故自救、脱困的方法,在车辆发生碰撞、侧翻、坠车及落水等事故时,有助于使自己和押运员及其他相关人员尽早脱离危险环境,转变自身危险处境。

❶ 车辆碰撞

1)车辆碰撞时的自救

(1)左侧剐蹭碰撞时的自救。车辆左侧发生剐蹭碰撞时,车门最容易脱开，这时驾驶员身体应稍许向右侧倾斜，双手握住转向盘，后背尽量靠住座椅靠背，稳住身体，避免被甩出车外。押运员紧靠右侧拉紧车门，避免右侧车门突然打开，被甩出运输车辆，造成意外伤害。

(2)右侧碰撞的自救。如果右侧发生碰撞，驾驶员的两只手臂应稍弯曲，紧握转向盘，以免肘关节脱位；身体应向右倾斜，紧靠座椅靠背，同时双腿向前挺直抵紧驾驶室底板，使身体固定在车内，以免头部前倾撞击前风窗玻璃，或胸部前倾撞击转向盘。押运员身体紧靠座椅靠背，同时双腿向前挺直抵紧驾驶室底板，右手紧握车上把手，防止身体右靠造成伤害。

(3)正面碰撞的自救。车辆正面碰撞的冲击力相当大，驾驶员应立即紧急制动并顺车转向，使正面碰撞变为侧面剐蹭。如果碰撞不可避免，且撞击方位在驾驶员一侧，驾驶员应迅速抬起双腿，身体向右侧卧，以避免身体被转向盘挤压受伤。同时押运员同样横卧尽量避免被挤压受伤。

(4)被追尾时的自救。被追尾时一般都有很大的冲击，主要是防护自己身体，不要前倾避免被车辆前部撞击受伤，双脚抵住车前部，身体后倾，双手紧握住拉手，有安全气囊的状况下不要在身上携带有其他物品，防止在安全气囊打开时伤害身体。

车辆碰撞应急处置口诀：

调整行驶方向，避免正面相撞。

减小剐碰角度，降低人财伤亡。

2)碰撞后的脱困

发生剐蹭碰撞和侧面碰撞时，车辆很容易出现侧翻的情况，在车辆侧翻的情况下驾驶员和押运员要学会自救和互救，在有危险货物泄漏时更加危险，要知道如何进行自身脱险。

发生正面碰撞时，驾驶员和押运员受伤害的可能性最大。在救援人员赶到前，驾驶员、押运员应尽力自行脱困，以防发生二次事故,如长时间挤压导致肢体部位坏死、危险货物泄漏导致毒害等。

(1)活动胳膊,看是否正常。

(2)松开安全带开关。

(3)挪动双腿,如果能轻松地将双腿抽出,无剧烈疼痛,能活动自如,则缓慢走动到车外,避免跳动或跑动;如果双腿抽出后剧烈疼痛,应在他人协助下离开驾驶室,避免因走动加剧骨折;如果双腿无法抽出,应保持原来位置,清除障碍后再抽出,严重时等救援人员切割车体后再抽出双腿,避免造成双腿严重伤残。

(4)开启车门,如果驾驶员一侧车门无法正常打开,应立即请他人帮助打开,如果仍无法打开,应考虑从其他车门或者车的顶窗逃生。

❷ 车辆侧翻和坠车

车辆发生侧翻和坠车事故后,经常呈现90°侧立或180°倒立的状态。车辆的状态不同,脱困的方法也有所不同。

1)车身翻转呈90°侧立

发生类似状况后切勿惊慌,不要急于解开安全带,应从最上方的人员开始。驾驶员和押运员在上方者开始,按照以下步骤脱困。

(1)将被压在下方的腿抽出,支撑在底下的车体或仪表板上,同时注意避免伤及其他人员。

(2)将被压在下方的手支撑在另一个座椅的靠背上(不要支撑在头枕上),从而减轻安全带的负荷。

(3)用另一只手沿着安全带向下方寻找安全带开关,松开安全带锁扣。

(4)将另一只腿拖出,以便从打开或砸开的车窗、车门离开事故车辆。

(5)头伸出车外,上身爬上车窗框。上身脱出后,臀部要轻轻坐在车顶部分,动作要稳,因为一点点的摇晃都可能使车辆由90°翻滚变成180°倒立。

(6)抽出双腿,此时千万不可急于向下跳,如果用此姿势跳下去,车辆可能会二次翻滚。必须将身体翻转过来,以面向车辆的姿势轻轻滑下车体。

2)车身呈180°倒立

此时驾驶员和押运员被安全带绑住,呈头下脚上的姿势。因此,松开安全带前一定要先找到支撑点。客车中相邻而坐的乘客在有限空间内必须逐一脱困,不能同时进行。脱困的具体步骤如下:

(1)将置于外侧的手放在头底下,为了保护颈椎,应将下巴压向胸骨。

(2)用双脚撑住仪表或其他固定物,使背部紧贴住椅背,撑住身体。

(3)内侧的另一只手滑至安全带扣处,将带扣松开。

(4)双手及膝盖撑在车顶上,向内滚动离开。

❸ 车辆落水

车辆落水后如果不能在最短时间内采用正确的方法从车内逃出,会导致被困人员溺水身亡。如果掌握了正确的脱困方法,可以大大提高生还的概率。

车辆落水后的正确脱困方法如下:

发现车辆将要落水时,如果有可能,应在第一时间打开车门或从开启的车窗跳出。

车辆刚落水后,要及时打开车门或砸碎车窗玻璃逃出车辆。逃生时应注意抓紧门框或窗框,防止被涌入的水流冲回车内。

当车门由于水压难以打开时,要利用安全锤、车载灭火器等坚硬、尖锐物体砸碎车窗、车门玻璃逃生，风窗玻璃可能比较坚固，驾驶员和押运员可以采用锤或其他坚硬物品敲击。

逃离车辆后，驾驶员和押运人员应选择最近的逃生通道尽快脱离险境。

❹ 车辆起火

道路危货运输车辆起火后，往往由于运输的危险货物具有易燃易爆有毒性，会造成运输车辆火势迅速蔓延，很难在短时间内控制火势，如果驾驶员和押运员不能及时脱困，会造成严重的烧伤或中毒。因此，运输车辆一旦起火，快速有效正确的逃离及脱困方法至关重要。

危险货物运输车辆起火后，如果车门能够正常开启，驾驶员和押运员要尽快逃离车辆，并采取紧急救火措施。措施无效时，驾驶员应迅速逃离火灾现场并报警。

四、驾驶员突发情况预防措施

货物运输车辆在运输过程中，驾驶员可能会突发身体不适情况，影响驾驶行为，严重的会造成人员伤亡和财产损失。

❶ 驾驶员突发疾病危害

驾驶员常见的突发疾病类型和症状包括心肌梗死、心绞痛、冠心病、房颤、中暑等。

驾驶员在突发疾病时，如果出现剧烈的疼痛或晕厥，可能会无法正常驾驶车辆，导致与其他车辆或固定物发生相撞事故，也有可能偏离正常的行驶路线而与交通参与的其他行人、机动车辆、非机动车辆发生碰撞。若此时车辆正好行驶在危险路段，如危崖、盘山公路、高架桥等，易使车辆直接翻入沟中或坠到悬崖下，发生极其严重的交通事故。

❷ 预防驾驶员突发疾病的应急措施

1)出车前身体检查

出车前,驾驶员不仅要检查车辆的技术性能,还要对自身的身体状况进行检查。若有不适或身体正在患病就尽量不要上岗驾车,防止行驶途中突然发病或病情加重。

2)定期进行身体检查

驾驶员的职业特点决定了驾驶员长期处于紧张、复杂的工作环境之中,心理和生理都承受巨大的压力,极易引发各种心理和生理疾病。驾驶员应定期进行身体检查,及早排查各种影响身体的健康隐患。

3)车队和家庭给予更多关心

长期工作在重点繁忙线路的驾驶员会因为工作压力大而身心疲惫,继而突发疾病。车队的领导应体谅下属,多做班次的轮换,使驾驶员的身心状态能够得到良好的调节。同时,家人也应及时给予关心、照顾,使驾驶员保持良好的身心状态。

4)学会自我保养和调节

驾驶员平时要养成良好的饮食、作息习惯,要保证充足的睡眠,以缓解工作压力,提高工作效率。同时,驾驶员要学会有效的心理调节方法,避免各种不良心理引发的疾病。

第七章 事故案例

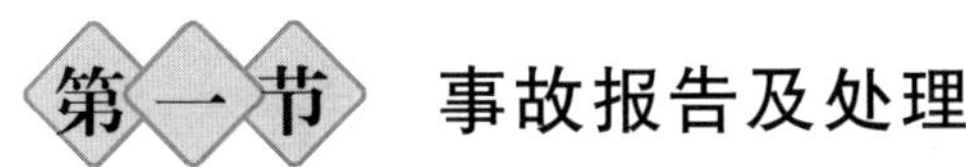

第一节 事故报告及处理

一、事故报告程序及要求

(1)当企业发生涉及达到法定上报等级的人身事故、机械设备事故、火灾事故、交通事故、环境污染等事故时,按照《生产安全事故报告和调查处理条例》和交通运输部有关交通运输安全生产事故的信息报告的有关规定,其事故报告程序如下:

①事故发生后,现场有关人员应立即向公司负责人报告。

②企业负责人接到报告后,应当于1小时内向辖区县级以上人民政府安全生产监督管理部门和道路运输管理部门、公安交警等负有安全生产监督管理职责的有关部门报告。

③道路交通事故、火灾事故自发生之日起7日内,事故造成的伤亡人数发生变化的,应于当日续报。

(2)安全生产监督管理部门和负有安全生产监督管理职责的有关部门接到事故报告后,应当依照下列规定上报事故情况,并通知公安机关、劳动保障行政部门、工会和人民检察院:

①特别重大事故、重大事故逐级上报至国务院安全生产监督管理部门和负有安全生产监督管理职责的有关部门。

②较大事故逐级上报至省、自治区、直辖市人民政府安全生

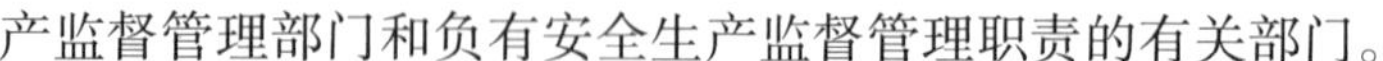

产监督管理部门和负有安全生产监督管理职责的有关部门。

③一般事故上报至设区的市级人民政府安全生产监督管理部门和负有安全生产监督管理职责的有关部门。

(3)安全生产监督管理部门和负有安全生产监督管理职责的有关部门依照前款规定上报事故情况,应当同时报告本级人民政府。国务院安全生产监督管理部门和负有安全生产监督管理职责的有关部门以及省级人民政府接到发生特别重大事故、重大事故的报告后,应当立即报告国务院。必要时,安全生产监督管理部门和负有安全生产监督管理职责的有关部门可以越级上报事故情况。安全生产监督管理部门和负有安全生产监督管理职责的有关部门逐级上报事故情况,每级上报的时间不得超过 2 小时。

(4)事故报告后出现新情况的,应当及时补报。自事故发生之日起 30 日内,事故造成的伤亡人数发生变化的,应当及时补报。道路交通事故、火灾事故自发生之日起 7 日内,事故造成的伤亡人数发生变化的,应当及时补报。

(5)报告事故应当包括下列内容:

①事故发生单位概况。

②事故发生的时间、地点以及事故现场情况。

③事故的简要经过。

④事故已经造成或者可能造成的伤亡人数(包括下落不明的人数)和初步估计的直接经济损失。

⑤已经采取的措施。

⑥其他应当报告的情况。

(6)事故发生单位负责人接到事故报告后,应当立即启动事故相应应急预案,或者采取有效措施,组织抢救,防止事故扩大,减少人员伤亡和财产损失。

二、道路交通事故报告

发生道路交通生产安全事故的，事故现场有关人员首先要向公安交通管理部门报案，还应当立即向本单位负责人报告。单位负责人接到报告后，应当(1小时内)迅速向事故发生地交通运输主管部门、运输经营者所属地的交通运输主管部门、事故发生地县级以上人民政府安全生产监督管理部门以及负有安全生产监督管理职责的有关部门报告。

道路交通生产安全事故报告的具体程序如下：

(1)事故现场人员报告，报告的内容包括事故发生的时间、地点、企业名称、运行线路、事故车辆型号、车牌号、姓名、乘客人数、伤亡情况，事故大概经过、已经采取的措施等内容。

(2)单位负责人接到报告后，应当于1小时内向事故发生地县级以上人民政府安全生产监督管理部门和道路运输管理部门、公安交警等负有安全生产监督管理职责的有关部门报告。

(3)事故具体情况暂时不清楚的，负责事故报告的单位可以先报事故概况，随后补报事故全面情况。

三、关于事故迟报、漏报、谎报与瞒报

生产安全事故发生后，依照下列情形认定迟报、漏报、谎报和瞒报：

(1)报告事故的时间超过规定时限的，属于迟报。

(2)因过失对应当上报的事故或者事故发生的时间、地点、类别、伤亡人数、直接经济损失等内容遗漏未报的，属于漏报。

(3)故意不如实报告事故发生的时间、地点、初步原因、性质、伤亡人数和涉险人数、直接经济损失等有关内容的，属于谎报。

(4)隐瞒已经发生的事故,超过规定时限未向安全监管监察部门和有关部门报告,经查证属实的,属于瞒报。

四、处罚规定

(1)事故发生单位主要负责人有下列行为之一的,处上一年年收入40%至80%的罚款;属于国家工作人员的,并依法给予处分;构成犯罪的,依法追究刑事责任:

①不立即组织事故抢救的。

②迟报或者漏报事故的。

③在事故调查处理期间擅离职守的。

(2)事故发生单位及其有关人员有下列行为之一的,对事故发生单位处100万元以上500万元以下的罚款;对主要负责人、直接负责的主管人员和其他直接责任人员处上一年年收入60%至100%的罚款;属于国家工作人员的,并依法给予处分;构成违反治安管理行为的,由公安机关依法给予治安管理处罚;构成犯罪的,依法追究刑事责任:

①谎报或者瞒报事故的。

②伪造或者故意破坏事故现场的。

③转移、隐匿资金、财产,或者销毁有关证据、资料的。

④拒绝接受调查或者拒绝提供有关情况和资料的。

⑤在事故调查中作伪证或者指使他人作伪证的。

⑥事故发生后逃匿的。

(3)事故发生单位对事故发生负有责任的,依照下列规定处以罚款:

①发生一般事故的,处10万元以上20万元以下的罚款。

②发生较大事故的,处20万元以上50万元以下的罚款。

③发生重大事故的,处50万元以上200万元以下的罚款。

④发生特别重大事故的，处200万元以上500万元以下的罚款。

(4)事故发生单位主要负责人未依法履行安全生产管理职责，导致事故发生的，依照下列规定处以罚款；属于国家工作人员的，并依法给予处分；构成犯罪的，依法追究刑事责任：

①发生一般事故的，处上一年年收入30%的罚款。

②发生较大事故的，处上一年年收入40%的罚款。

③发生重大事故的，处上一年年收入60%的罚款。

④发生特别重大事故的，处上一年年收入80%的罚款。

(5)事故发生单位对事故发生负有责任的，由有关部门依法暂扣或者吊销其有关证照；对事故发生单位负有事故责任的有关人员，依法暂停或者撤销其与安全生产有关的执业资格、岗位证书；事故发生单位主要负责人受到刑事处罚或者撤职处分的，自刑罚执行完毕或者受处分之日起，5年内不得担任任何生产经营单位的主要负责人。

第二节 事故案例分析

案例一 茂名化州市“3·17”较大道路交通事故

一、事故经过

2013年03月17日13时40分，颜某驾驶重型仓栅式货车运载生猪由化州市丽岗镇往化州城区方向行驶，当行至化州市城区国道G207线3463km+500m与省道S285线70km交叉路口（化州市河西雄大御花园门前路段）路段时，由于车辆制动主缸推杆连接制动踏板的锁销脱落，制动失效，造成车辆失控越过道路中

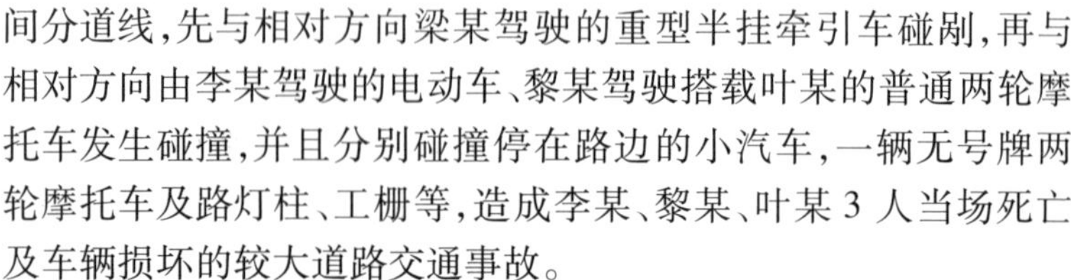

间分道线，先与相对方向梁某驾驶的重型半挂牵引车碰剐，再与相对方向由李某驾驶的电动车、黎某驾驶搭载叶某的普通两轮摩托车发生碰撞，并且分别碰撞停在路边的小汽车，一辆无号牌两轮摩托车及路灯柱、工棚等，造成李某、黎某、叶某3人当场死亡及车辆损坏的较大道路交通事故。

二、事故原因及性质

1）直接原因

重型仓栅式货车驾驶员颜某安全意识薄弱，未能认真检查该车安全技术性能，驾驶机件不符合标准的机动车上道路行驶，车辆在行驶过程中制动主缸推杆连接制动踏板的锁销脱落，致使车辆制动失效、车辆失控越过道路中间分道线与其他车辆、人员发生碰撞，是造成事故的直接原因。

2）间接原因

重型仓栅式货车驾驶员颜某追求经济利益、忽视交通安全（车辆严重超载），且驾驶机动车遇险情处置不当，是造成事故的间接原因。

3）事故性质

经调查认定，茂名市化州“3·17”较大道路交通事故是一起生产经营性道路交通责任事故。

三、事故预防和整改措施

（1）加强货车安全管理，从源头杜绝类似事故的发生。

（2）要加强运输企业从业人员和车辆的安全管理，特别是对运输企业从业人员的安全生产教育和车辆安全技术性能的检查，切实消除源头安全隐患，预防和减少交通事故。

（3）充分发挥预防道路交通事故联席会议的作用，积极重视交通事故多发和交通事故隐患路段排查和治理工作，做到事故隐患排查不留死角和盲区，一时整改不了的要采取临时防护措施，切实消除道路安全隐患。

（4）进一步充分发挥安监、交通运输、公路、公安交警部门各自优势和整合利用执法资源，加大对重点车型和重点违法行为的交通执法力度，排除各类事故隐患，创造安全畅通的道路交通环境。

（5）要加强交通安全宣传教育，进一步加强交通安全宣传力度，切实提高交通安全宣传教育的针对性和实效性。

案例二 新疆"10·13"较大道路交通事故

一、事故经过

2002 年 10 月 13 日 19 时 20 分，某运输公司三公司一大队驾驶员马某驾驶一辆重型半挂车，在执行润滑油运输任务途中，俯下身捡掉在驾驶室的烟时方向跑偏，车辆离开原路线驶向左车道。与克拉玛依市独山子区刘某驾驶的出租车相撞，造成 5 人当场死亡，直接经济损失 38 万元，间接经济损失 1.3 万元。

二、事故原因

1）直接原因

（1）马某驾驶车辆违章吸烟，捡烟时方向跑偏占道，是事故发生的主要原因。

（2）刘某驾车在沙漠丘陵地带，路况不好、视线不清的情况

下，盲目高速行驶，以致遇到突发情况，采取措施不当，也是事故发生的重要原因。

2)间接原因

(1)运输三公司作为新组建单位，表面上建立健全了一整套比较完整的安全管理制度，事实上照搬照抄的成分比较多，在真正落实到位并完全贯彻执行方面做得不够。

(2)驾驶员驾车吸烟问题普遍存在，驾驶员没有认识到其危害性，管理人员监管工作存在薄弱环节，也就自然把违章行为当作是合法习惯了。

(3)车队管理干部在运输任务重、管理工作千头万绪的情况下，忽视了对流动分散状态下驾驶员的安全管理教育，使驾驶员的不良习惯没有得到及时纠正。

(4)一大队没有按公司要求，定期(每月一次)对驾驶员的行车情况进行分析，并有针对性地制定相应管理教育和监控措施，周安全例会教育形式单一，出车前未对驾驶员进行安全告知。

(5)安全管理部门和车队查处违章行为不严、不细，三公司安全管理工作不够全面，注意力往往集中在解决和查处超速、违章停车等明显的违章问题上，忽略了纠正驾驶员习惯性违章和强化对驾驶员行车中的安全教育等深层次问题。

三、事故教训及防范措施

(1)安全生产规章制度没有得到认真的贯彻落实，日常路检路查“抓大放小”，纠违章不彻底。

严格落实安全责任制，加强路检路查工作。层层签订责任书，将安全生产责任落实到各级干部和员工头上。建立公司经理、副经理每月不少于1次，两级机关生产、安全职能部门每月不少于3次,车队管理人员每月不少于4次路检路查制度。通过增加路检路查频次,规范驾驶员安全行车行为,达到及时纠正违章,削减安全风险的目的。强化全员安全检查制度的落实,把纠正“超速”行为的责任落实到每个人。

(2)车队安全管理工作滞后。

要认真落实防范措施,超前预防事故发生。强化落实驾驶员出车前“三交代”(交代任务、交代路况、交代安全注意事项)和“保一趟车平安”签字制度,建立全员、全过程、全天候、全方位的“风险识别”管理机制,对运行路线固定或相对固定的车辆,绘制“行驶路线风险识别图”,为驾驶员提供运行路线、速度控制、急弯、陡坡及安全行车等重要信息,保证驾驶员提前熟悉运行路线,及时采取有效防范措施。

(3)安全教育存在薄弱环节,教育缺乏敏感性。

要切实落实驾驶员教育培训制度,提高其安全行车意识。一是认真开展“道路交通安全专项整治”,消除驾驶员习惯性违章、盲目性违章和盲从性违章行为。二是重点解决驾驶员流动分散状态下,安全管理与教育针对性问题。明确各点负责人,认真落实驾驶员每周的安全学习制度,结合实际确定学习内容,全面提高驾驶员遵章守纪的意识。三是组织驾驶员开展典型交通事故案例警示教育活动,了解各类交通事故发生的原因和特点,掌握防范交通事故的要领。

(4)驾驶员经验不足,教育培训方式单一,效果不明显。

要不断提高驾驶员的驾驶技能。针对外聘驾驶员、年轻驾驶员增多的实际。第一,要严把驾驶员入口关,从源头上消除不安全因素,从源头上控制好外聘人员、年轻驾驶员增多带来的安全风险。第二,建立每季度对驾驶员进行一次理论与实际操作考试制度,营造优胜劣汰,人人重视学习技术理论和操作技能的良好氛围。第三,建立驾驶员驾驶技能继续教育制度,采取办班培训、

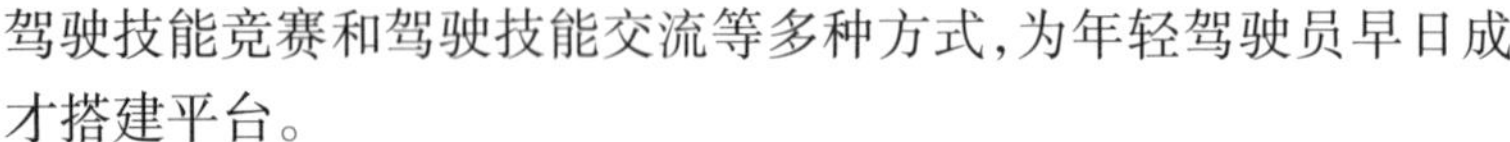

驾驶技能竞赛和驾驶技能交流等多种方式,为年轻驾驶员早日成才搭建平台。

案例三　广州白云区“3·16”较大道路交通事故

一、事故经过

广州某运输公司一辆重型自卸货车沿下塘西路高架桥由南往北行驶至桥上转弯位时失控越过道路中心双黄实线向左侧翻,与对向行驶的广州一辆公交车左侧车身相撞,导致公交车上6名乘客死亡,20人受伤。

二、发生原因

❶ 事故直接原因

(1)肇事车辆违法严重超载。

(2)肇事车辆违法超速行驶。

(3)肇事者驾驶存在事故隐患的车辆上道路行驶。

❷ 间接原因

(1)肇事车辆所在公司违规经营,安全生产管理混乱。

(2)驾驶员安全意识薄弱。

(3)有关部门没有认真履行职责,监管不到位。

三、事故防范措施

(1)落实企业安全生产主体责任,建立健全安全生产责任制,制定和完善各项安全管理制度和措施，加强企业安全管理，提高安全管理水平。

(2)加强驾驶员的安全管理，杜绝违章行为。

(3)加强驾驶员的安全教育培训，增加安全知识技能，提高安全知识水平，强化安全意识。

(4)各有关部门认真履行管理职责，加强安全生产监督管理。

案例四　永嘉县"8·4"较大道路交通事故调查报告

一、事故经过

2014年8月3日20时许，莫某驾驶重型厢式货车载货自浙江省永康县开往浙江省永嘉县瓯北镇方向。8月4日凌晨3时55分，途经104国道1883km+770m(永嘉县东瓯街道和一村地方)，由于疲劳致注意力不集中，驶入对向车道与对向由王某驾驶的轻型厢式货车发生碰撞，造成轻型厢式货车上驾驶员王某和乘坐人员朱某、柳某三人当场死亡且两车不同程度损坏。

二、事故原因和性质

❶ 直接原因

(1)莫某驾驶超载(核载:4950kg，实载:21485kg)且制动技术不符合标准的肇事车辆，途经事故路段，由于疲劳致注意力不集中，将车驶入对向车道内与对向来车发生碰撞，是造成事故的主要原因。

(2)王某驾驶的轻型厢式货车虽然制动存在安全隐患，不符

合技术要求,但与事故无因果关系。而该车内实际载人数超过核定载人数(核载2人,实载3人),加重了事故的后果。

❷ 间接原因

肇事车辆所在企业安全管理混乱,未认真落实企业安全生产责任制,未和驾驶员签订过任何安全生产责任书。安全管理制度不到位,未对驾驶员进行公司内部备案,未对聘用的驾驶员从业资格证书和从业经历进行过任何了解,未对驾驶员进行过任何形式岗位技能、安全操作规程、安全生产法律法规方面的学习和培训。

❸ 事故性质

经调查认为,这是一起较大的道路交通责任事故。

三、事故防范措施

(1)交通运输部门应加强对安全生产工作的组织领导,认真研究安全管理工作中存在的突出问题和薄弱环节,根据实际道路交通状况对部分事故多发路段的安全防护设施进行完善;加大行车上路检查力度,尤其是加强重点时段重点路段的检查密度、频次,切实确保行车安全。

(2)公安交警部门应加强执勤空当管理力度,严查疲劳驾驶的违法行为;加强对车辆超载违法行为查处力度;加强交通安全宣传教育,提高交通参与者安全意识。

(3)企业应加强安全生产企业主体责任的落实,完善内部安全管理,有效加强对挂靠车辆、挂靠驾驶员的安全监管。高度重视从业人员的安全教育培训工作,采用案例教育等多种形式,不断提高从业人员的安全意识、法制意识、责任意识和技能水平。

案例五 山西朔州“6·3”重大道路交通事故

一、事故经过

2008年6月3日6时50分,一辆重型大货车行驶到山西省右玉县至朔城区省道36km+43m处违法越过公路中心黄虚线超车,与相向行驶的一辆客车正面相撞,造成22人死亡、3人受伤的重大道路交通事故。

二、事故原因

❶ 直接原因

(1)重型大货车严重违法驾驶,驾驶员安全意识差。

(2)客车核载17人,实载24人,严重超员。

❷ 间接原因

(1)两家企业安全管理不到位,安全管理水平低,安全生产主体责任未有效落实。

(2)有关部门监督管理不到位,安全监管力度差。

三、事故防范措施

(1)企业应落实好安全生产主体责任,建立健全安全生产责任制,完善内部安全管理。加强对车辆和驾驶员的安全管理,杜绝超员超载、违法违章驾驶等行为。

(2)加强对驾驶员的安全培训教育,提高驾驶员安全意识。

(3)安全监督管理部门和有关主管部门应加强对道路运输企业的安全监督管理,加强对道路运输企业的安监监督检查工作。

(4)深化道路交通安全隐患排查治理,加大对运输企业、车辆、驾驶员、道路等各个环节安全隐患排查治理力度,对于查出的问题要及时进行整改,做到排查不留死角、整治不留后患。

参考文献

[1] 孙华山. 安全生产风险管理[M]. 北京:化学工业出版社,2006.

[2] 交通运输部安全监督司. 道路运输企业安全生产标准化考评指南[M]. 北京:人民交通出版社,2012.

[3] 国家安全生产监督管理总局宣传教育中心. 道路运输企业主要负责人与安管人员安全培训教材[M]. 北京:团结出版社,2014.

[4] 国家安全生产监督管理总局宣传教育中心. 道路运输安全生产强制规范与管理工作指南[M]. 北京:团结出版社,2010.

[5] 国家安全生产监督管理总局宣传教育中心. 生产经营单位从业人员安全培训通用教材[M]. 江苏:中国矿业出版社,2015.